SPÉCIAL ACTUALITÉS

Quizz

1) Donald Trump a été réélu président des États-Unis.

☐ Vrai ☐ Faux

2) En 2021, Roselyne Bachelot est ministre de l'Agriculture.

☐ Vrai ☐ Faux

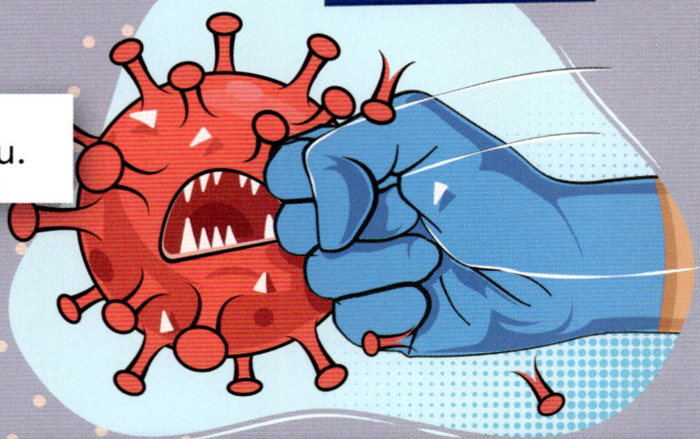

3) En 2021, la Covid-19 a totalement disparu.

☐ Vrai ☐ Faux

4) Les Jeux Olympiques de Tokyo ont eu lieu en 2020.

☐ Vrai ☐ Faux

5) En 2021, le ministre de l'Intérieur est Gérald Darmanin.

☐ Vrai ☐ Faux

6) Plusieurs vaccins existent pour lutter contre la Covid-19.

☐ Vrai ☐ Faux

7) Le Brexit est effectif depuis le 1er février 2021.

☐ Vrai ☐ Faux

8) G. Floyd a été tué par des policiers.

☐ Vrai ☐ Faux

Le Cahier de Vacances

SPÉCIAL ACTUALITÉS

Testez-vous !

Marion Delattre

Bréal
by Studyrama

Le Cahier de Vacances pour les Grandes Écoles

La plupart des concours proposent une épreuve qui évalue l'**ouverture d'esprit** du candidat à travers des questions de culture générale ainsi que des questions portant sur l'actualité de 12-24 mois dans les domaines de l'économie, de la vie des entreprises, de la politique, des relations internationales et de la culture. Cette épreuve se prépare principalement par une lecture quotidienne de la presse et par un suivi attentif de l'actualité.

Petit conseil : pour se préparer efficacement aux questions d'actualité, faites une lecture active en lisant la presse tous les jours et en vous constituant quelques fiches précieuses consignant chiffres et dates clés, événements importants, lauréats de prix littéraires, vainqueurs de grandes compétitions, etc.

* Révisez au fil du temps avec des quizz sur les derniers événements récents en partenariat avec Deepmemory.

9) Le 1er cas de Covid-19 a été détecté en Australie.

☐ Vrai ☐ Faux

10) Le président Emmanuel Macron a attrapé la Covid-19.

☐ Vrai ☐ Faux

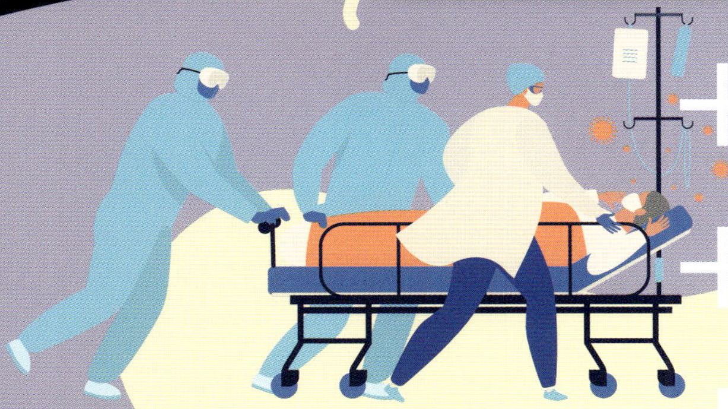

11) Plus de 90 000 décès sont dus à la Covid en France.

☐ Vrai ☐ Faux

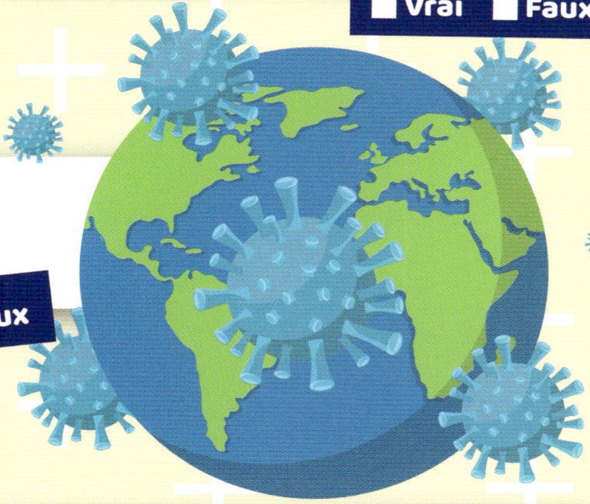

12) Plus de 2,6 millions de décès sont dus à la Covid dans le monde.

☐ Vrai ☐ Faux

13) Alexeï Navalny est un opposant de Bachar el-Assad.

☐ Vrai ☐ Faux

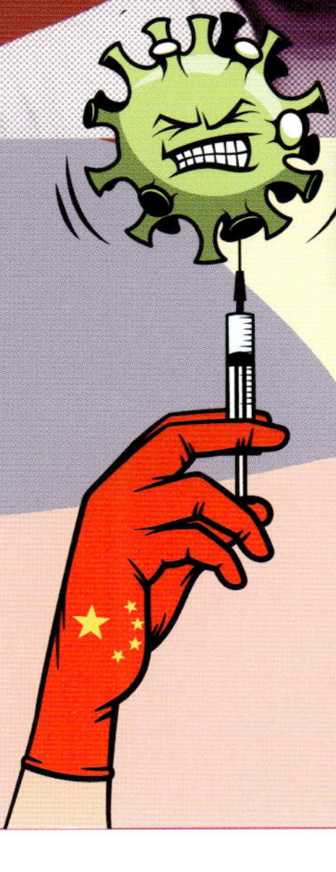

14) La Serbie est le premier pays à autoriser le vaccin chinois contre la Covid sur son territoire.

☐ Vrai ☐ Faux

15) Marina Foïs a présenté nue les Césars 2021 pour protester contre la fermeture des cinémas.

☐ Vrai ☐ Faux

sommaire

COVID-19 9

VIE POLITIQUE 16

SOCIÉTÉ 29

ÉCONOMIE 36

Introduction

En 2020 et 2021, plusieurs événements ont eu lieu, ils seront développés par la suite mais, pour débuter, **replacez 10 d'entre eux dans l'ordre chronologique.**

- **a** Début de l'épidémie de Covid à l'échelle mondiale
- **b** Fin du franc CFA
- **c** Joséphine Baker au Panthéon
- **d** Élections américaines
- **e** Assassinat de George Floyd et début des manifestations aux États-Unis
- **f** Début des tensions au Haut-Karabagh
- **g** Élections contestées en Biélorussie
- **h** Retour des Talibans au pouvoir en Afghanistan
- **i** Lancement de fusée d'exploration vers Mars
- **j** Explosion au Liban

COVID-19

Depuis 2020, l'épidémie de Covid-19 a fortement impacté le quotidien de milliards d'humains.

TOUT LE MONDE EN PARLE MAIS… QU'EST-CE QUE LA COVID-19 ?

Trouvez la bonne réponse.

1. Le chiffre 19 est associé au Covid car :

- ☐ a) C'est la 19e forme de coronavirus
- ☐ b) Il est apparu en 2019
- ☐ c) Il a 19 branches

2. Le virus est identifié chez les animaux dans les années :

- ☐ a) 1930
- ☐ b) 1950
- ☐ c) 2000

3. Il tient son nom de :

- ☐ a) Sa forme de couronne
- ☐ b) D'une bière espagnole
- ☐ c) Du fait qu'il s'attrape en Coexistant

4. Le virus est identifié chez l'homme pour la 1re fois :

- ☐ a) Durant la Seconde Guerre mondiale
- ☐ b) Durant la révolution industrielle
- ☐ c) Dans les années 1960

5. Combien de souches de Coronavirus touchent les humains ?

- ☐ a) 19
- ☐ b) 5
- ☐ c) 7

6. Toutes les souches sont-elles mortelles ?

- ☐ a) Oui
- ☐ b) Non

7. Une autre forme de coronavirus est propagée par :

- ☐ a) Le dromadaire
- ☐ b) Le lapin
- ☐ c) Le tatou

8. Le SRAS est-il une forme de Covid ?

- ☐ a) Vrai
- ☐ b) Faux

9. 1 personne contamine au minimum :

- ☐ a) 5 personnes
- ☐ b) 2 personnes
- ☐ c) 3 personnes

10. Mais au fait… on dit la Covid ou le Covid ?

- ☐ a) La
- ☐ b) Le

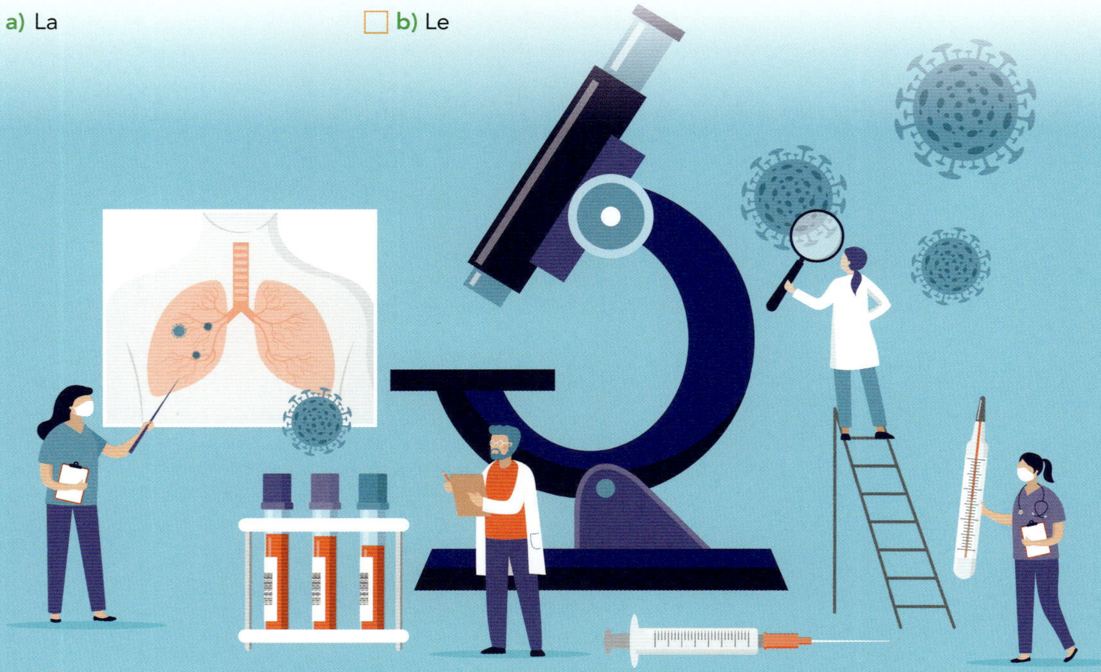

ET AU FAIT, COMMENT S'EST-ELLE DIFFUSÉE SUR TOUS LES CONTINENTS ?

Retrouvez les mots de la grille grâce aux défintions.

Vertical

1) Région de Chine la première impactée
2) 1er pays européen à franchir le cap du million de cas
3) 1er pays à compter un décès lié au Covid (hors de Chine)
6) 1er pays d'Europe à déclarer un cas
8) 1er pays européen a déclaré une quarantaine
10) 1er pays d'Amérique Latine
12) Animal tenu pour responsable
13) 1er pays à déclarer des cas officiellement

Horizontal

4) 1er pays américain touché par un cas de Covid
5) République indépendante sans aucun cas de Covid déclaré fin novembre 2020
7) 1er pays d'Océanie à être touché
9) Archipel sans aucun cas de covid déclaré
11) 1er pays d'Afrique
14) 2e pays asiatique à avoir un cas

À QUELLE VITESSE S'EST-ELLE PROPAGÉE ?

Replacez les éléments dans l'ordre chronologique en les reliant à la frise. Plusieurs événements peuvent avoir lieu le même mois.

MONDE

a 1er cas en Océanie

b Selon l'AFP, la barre des 100 000 morts dans le monde est dépassée

c Le 1er cas chinois identifié par l'OMS

d Mise en quarantaine de Wuhan

e L'OMS qualifie la Covid-19 de pandémie

f 1er décès hors de Chine

g Début du confinement en Europe

2019	2020					
Décembre	**Janvier**	**Février**	**Mars**	**Avril**	**Mai**	**Juin**

FRANCE

a Le pays passe en stade 2. Il s'agit alors de limiter la contamination. Les rassemblements de plus de 500 personnes sont interdits.

b Levée progressive du 2e confinement

c Les établissements scolaires sont déclarés fermés.

d Fin du 1er confinement

h Wuhan est déconfinée

i Le virus sort de Chine

j 1er cas en Amérique

k 1er cas en Afrique

l 1re vaccination au Royaume Uni

m Pfizer/BioNTech est le premier à annoncer un vaccin efficace à 90%

n Cap du million de décès liés au Covid franchit

						2021
Juillet	Août	Septembre	Octobre	Novembre	Décembre	Janvier

e Début du 1er confinement

f 1re vaccination

g Le plan ORSAN (Organisation de la réponse du système de santé) est déclenché

h Premier tour des élections municipales

i Début du second confinement

j 1er décès en France lié au Coronavirus

QUI A DIT…

Les hommes politiques se sont beaucoup exprimés sur la pandémie.
Quel homme politique a prononcé la citation ?

1 « Je vois que le désinfectant l'assomme, en une minute. Et est-ce qu'il y a un moyen de faire quelque chose comme ça avec une injection à l'intérieur, presque comme un nettoyage ? » **Le 23 avril 2020**

2 « Aujourd'hui, il n'y en a que pour la pandémie, il faut en finir avec ça. Je regrette les morts, je les regrette. Nous allons tous mourir un jour, tout le monde ici va mourir. Ça ne sert à rien de fuir cela, de fuir la réalité. Il faut arrêter d'être un pays de pédés. Nous devons nous battre la tête haute, lutter. » **Le 10 novembre 2020**

3 « Le mur a arrêté le Covid, il a tout arrêté. » **Le 23 juin 2020**

4 **À propos des mesures non prises dans son pays quant au Covid**
« Nous sommes une démocratie mature, une société d'adultes, les gens comprennent la nature de nos mesures. » **Le 15 mars 2020**

5 « Pour sauver des milliers de personnes, portez un masque, il n'y a pas de meilleure arme contre le virus, s'il vous plaît portez un masque, ce n'est pas un acte politique. » **Le 9 novembre 2020**

6 « Nous sommes en guerre, en guerre sanitaire, certes. Nous ne luttons ni contre une armée, ni contre une autre nation. Mais l'ennemi est là, invisible, insaisissable, qui progresse. Et cela requiert notre mobilisation générale. » **Le 16 mars 2020**

CONSÉQUENCES DE LA PANDÉMIE

La Covid a eu des conséquences sociales, politiques, environnementales et économiques.

1. L'Australie ferme ses frontières plus de 600 jours.

☐ **Vrai** ☐ **Faux**

2. Début 2021, la Banque mondiale estime que 150 millions de personnes sont entrées dans la précarité suite à la pandémie.

☐ **Vrai** ☐ **Faux**

3. La crise a aussi eu un impact sur la santé des personnes, globalement, elle s'est améliorée.

☐ **Vrai** ☐ **Faux**

4. Les libertés dans le monde ont reculé de 50 % selon *The Economist* (février 2021).

☐ **Vrai** ☐ **Faux**

5. La France et la Belgique ont été classées dans les « démocratie défaillantes » par *The Economist.*

☐ **Vrai** ☐ **Faux**

6. Durant le confinement une réduction de 400 millions de tonnes de CO_2 à échelle mondiale est constatée.

☐ **Vrai** ☐ **Faux**

7. En décembre 2021, plus de 57 % de la population mondiale a reçu au moins une dose de vaccin.

☐ **Vrai** ☐ **Faux**

8. En décembre 2021, à échelle mondiale, il y a eu plus de 5 millions de morts.

☐ **Vrai** ☐ **Faux**

ÉTAT DES LIEUX AU 31 DÉCEMBRE 2022

Coloriez en rouge les 4 pays les plus endeuillés au 31 décembre 2022.

VIE POLITIQUE

Plusieurs élections se sont déroulées cette année, des choix ont été faits et une partie seulement est présentée ici.

QUELQUES ÉLECTIONS DE 2020-2022

Plusieurs nouveaux dirigeants ont été élus entre 2020 et 2022, voici quelques exemples.
Reliez le nom des dirigeants élus (ou arrivés au pouvoir) à leur pays :

1

Tsai Ing-wen

2

Alpha Condé

3

Micheál Martin

4

Rishi Sunak

5

Alassane Ouatarra

6

Haïtham ben Tarek

7

Alma Zadic

8

Luiz Inácio Lula da Silva

9

Ashraf Ghani

10

Alexander de Croo

11

Gabriel Boric

L'un de ces dirigeants n'a pas été élu mais est arrivé au pouvoir par legs. En effet, son prédécesseur, mort sans héritiers, a laissé une lettre cachetée qui ne devait être ouverte qu'après son décès et qui contenait le nom de son successeur. Elle ne devait être ouverte que 3 jours après le décès si aucun accord n'avait été trouvé quant au nom du nouveau souverain. Afin d'éviter un conflit ou un coup d'État, la lettre a été ouverte plus rapidement.

Quel est le nom de ce souverain ?

ÉLECTIONS ET COUPS DE FORCE

1 Le 30 novembre 2021, ce pays se dote pour la première fois d'un(e) président(e).
Quel est le nom de cet État ?

2 En Allemagne, Angela Merkel laisse sa place à un nouveau chancelier.
Barrez les mauvaises réponses et complétez la dernière.

a Elle est arrivée au pouvoir en 2000 • 2005 • 2010 • 2007.

b Le taux de croissance allemand entre le Ier et le dernier mandat d'Angela Merkel est de 18 % • 21 % • 32 %.

c La dette allemande est supérieure à 20 % • inférieure à 20 %.

d Le taux de chômage avoisine les 4 % • 10 % • 2 %.
Le nombre de travailleurs pauvres est de 2 % • 8 % • 5 %.

e Le seul pays où l'Allemagne est intervenue militairement (hors casques bleus) est la Syrie • l'Ukraine • l'Afghanistan • l'Irak.

f Angela Merkel est remplacée par

3 En 2021, après avoir eu successivement 2 frères au pouvoir, Canel devient premier secrétaire du parti.
De quel pays s'agit-il ?

4 Outre des élections, plusieurs États sont aussi soumis à des coups de force.

a) Le président d'Haïti est assassiné à son domicile le 7 juillet 2021, quel est son nom ?

Indice | il porte le nom de celui qui a ouvert le mer Rouge.

b) Dans cet État d'Afrique, le président, Ibrahim Boubacar Keïta, est arrêté par l'armée le 18 août et contraint de démissionner. Quel est ce pays ?

Indice | il n'a que 4 lettres.

c) Dans cet autre pays africain, le président Idriss Déby est tué par les rebelles le 20 avril 2021. Quel est ce pays ?

Indice | une lettre de plus que le précédent.

d) Dans ce pays d'Asie, un coup d'état, mené par l'armée, a lieu en février 2021. Il conduit à l'arrestation de Aung San Suu Kyi – ancienne prix Nobel de la paix – accusée de corruption ou encore de viol constitutionnel. Jugée en 2022, elle écope de plus de 23 ans de prison.

Quel est ce pays ?

QUELQUES RÉFÉRENDUMS DE 2020-2021

En 2020 et 2021 plusieurs référendums ont eu lieu. En voici 3 principaux. **Trouvez le pays auquel ils font référence à l'aide des indices.**

1

Un référendum constitutionnel s'y déroule au début de l'été. Le président y a déjà été élu 4 fois, avec une pause de 4 ans en tant que Premier ministre entre 2008 et 2012.
Avec près de 78 % de « oui » obtenu, le référendum lui permet de « remettre les compteurs à 0 » et de briguer deux nouveaux mandats. Il le rend aussi inattaquable puisque l'immunité est accordée aux présidents sortants.
Ce pays est le plus grand au monde et a eu pour police politique le KGB.

QUEL EST-IL ?

2

Le 3 novembre, cette île est consultée par référendum pour savoir si elle souhaite maintenir son statut ou devenir un État. 52,32 % des votants se prononcent pour la 2e solution.
Cette île a été espagnole jusque 1898. Elle est située dans les Caraïbes.
Ces résidents sont citoyens d'un autre pays mais ne votent pas aux élections présidentielles. Cet autre pays est les États-Unis.

QUELLE EST CETTE ÎLE ?

3

Le 4 novembre 2020, un référendum sur l'indépendance potentielle recueille plus de 52 % de non.
Un nouveau référendum pour l'autodétermination s'y tient le 12 décembre 2021. Le « non » l'emporte à nouveau avec 96,5 % des voix – mais une abstention de 43,87 % !
Il s'agit d'une île du Pacifique.
Elle est proche de l'Australie.
Elle est une collectivité d'outre-mer.

QUEL EST LE NOM DE CETTE ÎLE ?

1 ....

2 ....

3 ....

LES TENSIONS LIÉES AUX ÉLECTIONS

Beaucoup d'autres élections se sont tenues dans le monde, certaines aboutissent à une crise politique de longue durée. **Répondez aux questions en cochant la bonne réponse.**

Burkina Faso

Le 24 janvier 2022, le Président est chassé du pouvoir, il est alors remplacé par le colonel Damiba.

Un gouvernement de transition est mis en place.

1) ***Que se passe-t-il ensuite ?***

- ☐ a) Des élections libres sont organisées
- ☐ b) Un nouveau coup d'État place un autre homme au pouvoir
- ☐ c) L'ancien président revient

Mali

En mars 2020, des élections législatives doivent se tenir au Mali. Le 25 mars, 4 jours avant le 1er tour.

2) ***Qu'arrive-t-il à Soumaïla Cissé, chef de fil de l'opposition ?***

- ☐ a) Il est victime d'un attentat : plusieurs personnes de son convoi sont tuées, d'autres, dont Cissé, enlevées.
- ☐ b) Il est arrêté par des manifestants en liesse et doit être évacué d'urgence.
- ☐ c) Il est tué.

Ce même fait arrive à plusieurs responsables de bureaux de vote lors des deux tours.

Belgique

Le 1er octobre 2020, la Belgique se dote (enfin) d'un gouvernement après 16 mois de crise politique.

3) ***Combien de jours se sont écoulés depuis la dernière élection ?***

☐ a) 420 ☐ b) 543 ☐ c) 493

Russie

En juin 2020, un référendum constitutionnel est organisé afin de valider la modification de plusieurs amendements.

4) ***Quelles mesures sont prises pour inciter les russes à voter ?***

- ☐ a) vote obligatoire
- ☐ b) la police pousse les passants dans les bureaux de vote
- ☐ c) des isoloirs sont mis dans les rues

5) ***Quel pourcentage de « OUI » est obtenu ?***

☐ a) 95,4 % ☐ b) 57,8 % ☐ c) 77,92 %

6) ***Grâce à cela Vladimir Poutine peut se maintenir au pouvoir jusque :***

☐ a) 2031 ☐ b) 2036 ☐ c) 2050

Venezuela

Nicolas Maduro est réélu en mai 2018. Pourtant, le président de l'Assemblée nationale, Juan Guaido, s'y oppose officiellement. En effet, l'élection a été entachée par une série de scandales. L'opposition refuse de reconnaître la victoire du président sortant. De plus, Maduro n'a pas prêté serment devant l'Assemblée mais devant le Tribunal suprême, ce qui est contraire à la Constitution. C'est sur ce point que se base Guaido. Le 23 janvier 2019, il se déclare « Président en charge » jusqu'à la tenue « d'élections libres ». La crise s'envenime et s'éternise.

Un an plus tard, le 5 janvier 2020, Luis Parra, un député vénézuélien, s'autoproclame président de l'Assemblée nationale après une élection à main levée.

7) *De quel côté est-il ?*

☐ a) Maduro
☐ b) Guaido
☐ c) Aucun des deux

Les États-Unis et une partie des pays de l'Union européenne soutiennent Guaido alors que la Chine et la Russie, Maduro.

8) *Quelle mesure les États-Unis prennent-ils à l'encontre de Maduro ?*

☐ a) Il est arrêté par la CIA.
☐ b) Il est inculpé pour narcoterrorisme.
☐ c) Il est interdit d'entrée sur le sol états-unien.

De nouvelles élections législatives ont lieu en décembre 2020, Maduro obtient officiellement la Parlement avec 67,7 % des voix. Ce score s'explique, en partie, par le fait que Guaido avait appelé au boycott des élections.

9) *Le taux d'abstention est donc record, de combien est-il ?*

☐ a) 82 % ☐ b) 56 % ☐ c) 69 %

En 2023, Maduro est le président officiel mais la contestation de Juan Guaido est toujours forte.

Biélorussie

En août 2020, le président Loukachenko est réélu. Ces élections sont entachées de fraudes, les deux principaux opposants – Sergueï Tikhanovski et Viktar Babaryka – ont, par exemple, été arrêtés avant l'élection et empêchés de se présenter, ces dernières sont dénoncées par les pays occidentaux. La légitimité de l'élection est mise en cause aussi par la population biélorusse qui investit la rue pour crier son mécontentement. En effet, les 80 % des voix obtenues par le président sortant semblent surréalistes. La répression se durcit mais les manifestants poursuivent leur action.

10) *Depuis combien de temps Alexandre Loukachenko est-il au pouvoir ?*

☐ a) 31 ans ☐ b) 26 ans ☐ c) 12 ans

11) *L'opposition a obtenu un célèbre prix remis par le Parlement européen, lequel ?*

☐ a) Le prix Sakharov
☐ b) Le prix Nobel
☐ c) Le prix d'action démocratique européenne

La répression est féroce, des milliers de personnes sont arrêtées et les tortures sont fréquentes. La candidate d'opposition, Svetlana Tikhanovskaïa (qui s'est présentée à la place de son époux, Sergueï) est obligée de s'exiler.

12) *En août 2020, l'Organisation mondiale contre la torture emploie un terme fort pour désigner les actions du régime. Lequel ?*

☐ a) Régime totalitaire
☐ b) Crime contre l'humanité
☐ c) Génocide

Tunisie

En 2010, le « Printemps arabe » part de Tunisie et s'étend à ses voisins. 11 ans plus tard, la Tunisie semble être le seul pays à avoir réussi sa transition démocratique. Pourtant, à partir de l'automne 2021, même s'il nomme Najla Bouden Première ministre, une série de mesures prises par le président Kaïs Saïed remettent la démocratie en cause.

13) *Quelles sont ces mesures ?*

☐ a) Il s'octroie le droit de légiférer sans le Parlement
☐ b) Les femmes perdent le droit de vote
☐ c) Le Parlement est gelé
☐ d) Il annonce que la Tunisie est une « démocratie illibérale »
☐ e) Les Tunisiens sont soumis à un couvre-feu dès 18 heures

LES ÉLECTIONS AUX ÉTATS-UNIS : LES CANDIDATS

L'automne 2020 a été marqué par les élections aux États-Unis. Deux principaux candidats s'opposent : Donald Trump et Joe Biden. **Barrez toutes les lettres qui sont en nombre pair, celles qui restent vous permettent de trouver le nom du 3e challenger.** NB: l'une d'entre elles peut être utilisée deux fois.

W I S V T E M C E S

N C E N T A E A T

M I R S F Y I K L S

A V W R E N K O M

O I H T E N F L N Y

W N N Y L N E K M

A K I L W S E H K T

A N S R L L C O C

W R Y O S F F Y I

LA DERNIÈRE ANNÉE DE TRUMP

Entre meetings de campagne, Covid et diplomatie, l'année de Donald Trump n'a pas été de tout repos. De janvier à novembre, la plupart de ses actions ont contribué à lui faire perdre des électeurs.
Chaque événement ou décision ci-dessous correspond à un mois de l'année. **À vous de trouver lequel.**

Janvier	Février	Mars	Avril	Mai	Juin	Juillet	Août	Septembre	Octobre	Novembre	Décembre

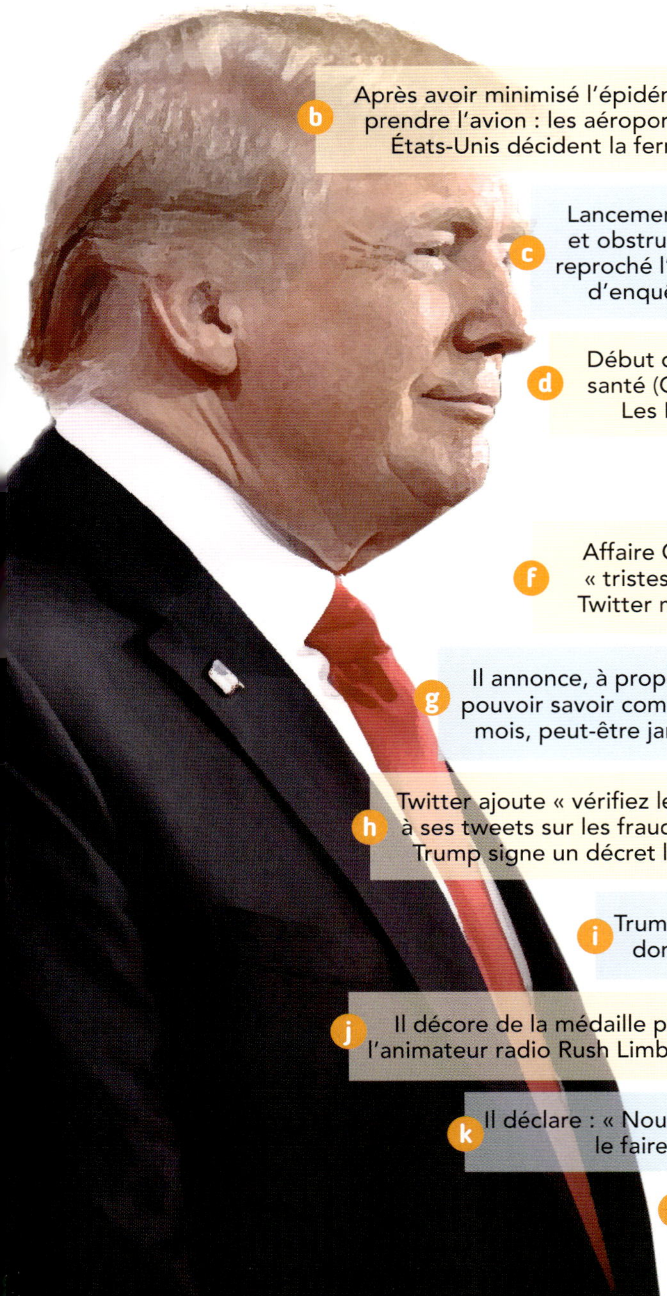

a 1er débat Trump/Biden qui se solde par des insultes.

b Après avoir minimisé l'épidémie au début du mois « il faut profiter de l'épidémie pour prendre l'avion : les aéroports sont vides en ce moment » (Trump sur Fox News), les États-Unis décident la fermeture de leurs frontières pour lutter contre la Covid.

c Lancement de la procédure d'*impeachment* (pour abus de pouvoir et obstruction au Congrès) à l'encontre de Donald Trump. Il lui est reproché l'aide militaire apportée au président ukrainien en échange d'enquêtes sur plusieurs opposants politiques dont Joe Biden.

d Début de la politique de retrait de l'Organisation mondiale de la santé (OMS) accusée d'indulgence envers la Chine et de lenteur. Les États-Unis fournissent 15 % du budget de l'institution.

e Élection présidentielle et défaite de Trump.

f Affaire George Floyd, Donald Trump commence par évoquer sa « tristesse » quant aux faits puis menace de « débuter les tirs ». Twitter masque ses tweets accusés d'« apologie de la violence ».

g Il annonce, à propos de l'élection présidentielle : « On ne va, selon moi, pas pouvoir savoir comment se termine cette élection pendant des semaines, des mois, peut-être jamais » lors d'un discours dans la banlieue de Washington.

h Twitter ajoute « vérifiez les faits » aux messages postés par le président et ce, suite à ses tweets sur les fraudes potentielles du vote par correspondance. Revanchard, Trump signe un décret limitant la modération des contenus des réseaux sociaux.

i Trump admet partiellement sa défaite. Puis gracie 29 personnes dont le père de son beau-fils et plusieurs anciens conseillers.

j Il décore de la médaille présidentielle de la liberté (plus haute distinction du pays) l'animateur radio Rush Limbaugh, raciste, homophobe, sexiste et détracteur d'Obama.

k Il déclare : « Nous ne fermerons pas le pays à nouveau. Nous n'aurons pas à le faire », pensant que les États-Unis ont vaincu le virus.

l Donald Trump est positif à la Covid, il est hospitalisé.

LE BILAN DE TRUMP

Répondez par Vrai ou Faux.

1. Il a prolongé l'accord nucléaire iranien. .... ☐ Vrai ☐ Faux

2. Il retire les troupes d'Afghanistan. .... ☐ Vrai ☐ Faux

3. Sous son mandat, les États-Unis n'ont démarré aucune guerre. .... ☐ Vrai ☐ Faux

4. Il a respecté les accords de Paris sur le climat. .... ☐ Vrai ☐ Faux

5. Il a été au cœur de plusieurs scandales. .... ☐ Vrai ☐ Faux

6. Durant son mandat, il s'est exprimé plus de 24 000 fois sur Twitter. .... ☐ Vrai ☐ Faux

7. Les manifestations dans la rue ont été moins fréquentes. .... ☐ Vrai ☐ Faux

8. Il a été plusieurs fois désavoué par le Congrès. .... ☐ Vrai ☐ Faux

9. Il a proposé de racheter le Groenland qui appartient au Danemark. .... ☐ Vrai ☐ Faux

10. Il a déplacé l'ambassade américaine à Tel Aviv, reconnaissant cette ville comme capitale d'Israël. .... ☐ Vrai ☐ Faux

11. Il a tenté de faire pression sur les membres de l'ONU pour voter en faveur des États-Unis. .... ☐ Vrai ☐ Faux

ET AU FINAL...

Complétez le texte ci-dessous.

- **a** Lundi 23 novembre
- **b** *« si vous ne comptez que les votes légaux, j'ai largement gagné »*
- **c** Wisconsin, du Michigan et de la Pennsylvanie
- **d** 3 novembre
- **e** *« une avalanche de mensonges »*
- **f** Votes par correspondance
- **g** *« une fraude massive »*
- **h** 8 novembre
- **i** Pennsylvanie

Les résultats ne sont pas annoncés juste après les élections du ......[1] Plusieurs comptages prennent du temps, notamment du fait des ...... [2], massifs du fait de la pandémie. Pourtant, Donald Trump annonce ...... [3] lors de son discours du 5 novembre. Plusieurs chaînes de télévisions le coupent, une première pour un président. CNN poursuit la diffusion mais dénonce ...... [4] .

Le clan Trump ne lâche pas et son avocat, Rudy Giuliani, dénonce ...... [5]. Plusieurs manifestations de soutien ont lieu. Le ...... [6], Joe Biden est officiellement déclaré vainqueur. Mais six États restent contestés par les républicains : le Wisconsin, le Michigan, la Pennsylvanine, la Géorgie, l'Arizona et le Nevada.

Ils tentent de saisir les tribunaux locaux pour « fraude massive » mais sont déboutés.

Donald Trump et ses partisans se retranchent dans la Maison Blanche. Enfin, le ...... [7], le président autorise le transfert progressif de l'administration. Pour autant, il ne reconnaît pas directement la victoire de son adversaire.

En effet, la Cour suprême est saisie à plusieurs reprises. Le 8 décembre, elle rejette la demande de blocage des résultats en ...... [8] et le 12 décembre l'annulation de ceux du ...... [9].

Lundi 14 décembre, les grands électeurs élisent officiellement Joe Biden. Toutefois, le décompte officiel des voix se déroule le 6 janvier 2021.

L'ASSAUT DU CAPITOLE

Cochez les bonnes réponses.

1

Le 6 janvier 2021, Trump appelle ses partisans via :
- ☐ les réseaux sociaux
- ☐ une vidéo
- ☐ la radio.

2

Il demande de
- ☐ « stopper le vol »
- ☐ « faire preuve de force »
- ☐ « reprendre [le] pays » et invite à « marcher (...) vers le Capitole ».

3

Plusieurs
- ☐ dizaines
- ☐ centaines
- ☐ milliers

de personnes répondent à l'appel et prennent d'assaut le Capitole. Une personne est tuée.

4

Donald Trump réagit en
- ☐ s'excusant
- ☐ allant au Capitole
- ☐ félicitant les « magnifiques patriotes ».

5

Le lendemain il
- ☐ accepte sa défaite
- ☐ mobilise l'armée
- ☐ se rend aux autorités.

6

L'attitude du président est décriée par les démocrates comme les républicains. Plusieurs élus demandent à ce que le locataire de la Maison Blanche soit
- ☐ mis en prison
- ☐ déclaré inapte à gouverner
- ☐ mis dans le bunker.

7

Le 11 janvier, une procédure d'*Impeachment* est lancée contre Donald Trump pour « incitation à l'insurrection ». Il est
- ☐ acquitté
- ☐ reconnu coupable le mois suivant.

8

Le 15 janvier,
- ☐ il reconnaît
- ☐ il ne reconnaît pas

officiellement la victoire de Joe Biden mais n'assiste pas à la cérémonie d'investiture du 20 janvier.

9

La veille, l'une des dernières actions du président sortant est de
- ☐ gracier 73 personnes de son entourage
- ☐ jouer au golf
- ☐ saccager la Maison Blanche.

LA FRANCE : VIE POLITIQUE 2020-2022

Remaniement du gouvernement en juillet 2020, condamnation, investiture pour une candidature à la présidentielle… Plusieurs personnalités politiques se sont démarquées.
Retrouvez le nom de certains protagonistes.

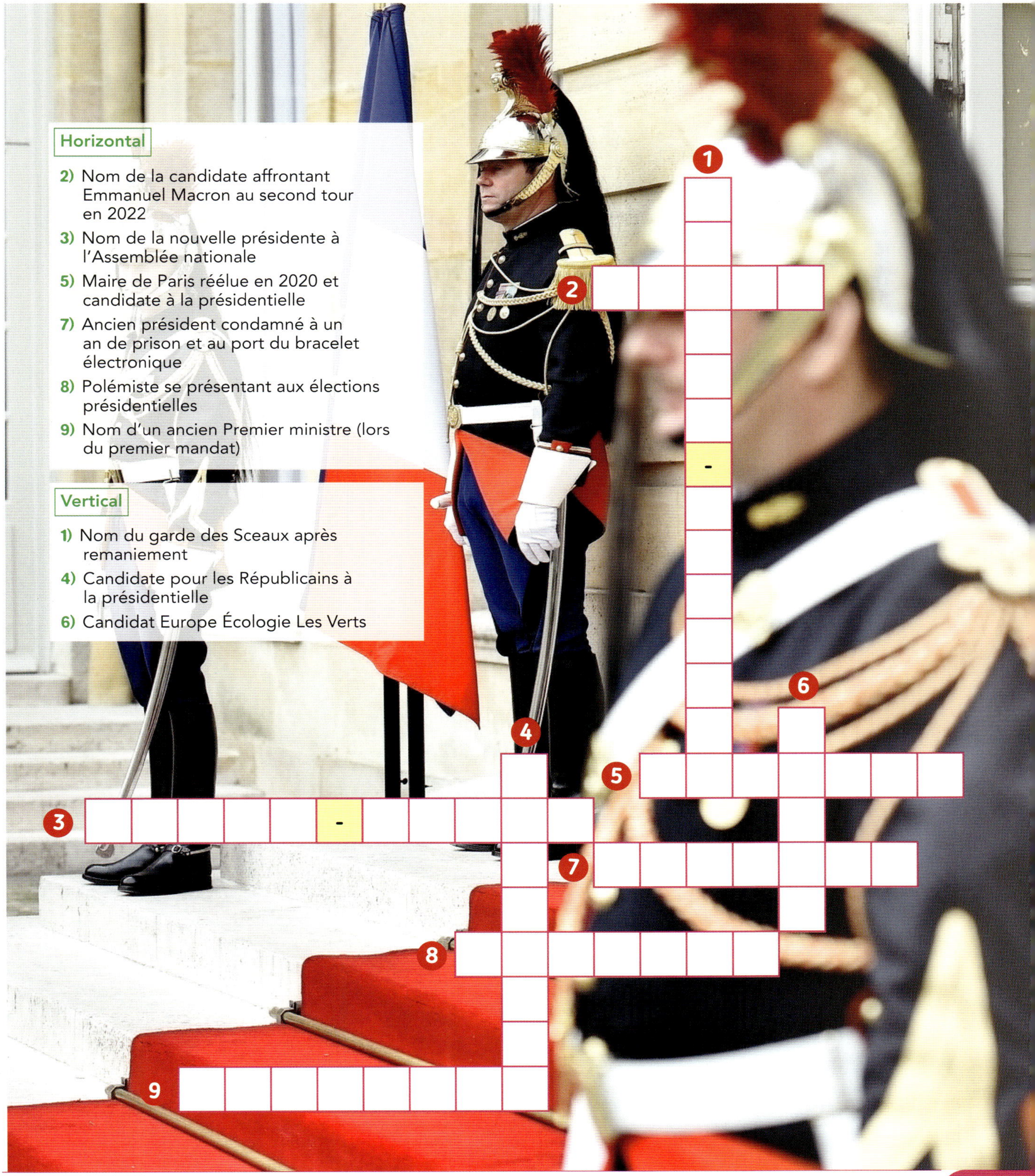

Horizontal

2) Nom de la candidate affrontant Emmanuel Macron au second tour en 2022
3) Nom de la nouvelle présidente à l'Assemblée nationale
5) Maire de Paris réélue en 2020 et candidate à la présidentielle
7) Ancien président condamné à un an de prison et au port du bracelet électronique
8) Polémiste se présentant aux élections présidentielles
9) Nom d'un ancien Premier ministre (lors du premier mandat)

Vertical

1) Nom du garde des Sceaux après remaniement
4) Candidate pour les Républicains à la présidentielle
6) Candidat Europe Écologie Les Verts

LES MINISTRES

En mai 2022, Emmanuel Macron est réélu avec 58,54 % des suffrages exprimés. Quelle est la composition de son nouveau gouvernement ? **Reliez les noms et les fonctions.**

Élisabeth Borne

Olivier Véran

Bruno Le Maire

Gérald Darmanin

Éric Dupond-Moretti

- MINISTRE DE L'EDUCTION NATIONALE ET DE LA JEUNESSE
- MINISTRE DE LA SANTÉ ET DE LA PRÉVENTION
- MINISTRE DE LA CULTURE
- MINISTRE DE L'ÉCONOMIE, DES FINANCES ET DE LA SOUVERAINETÉ INDUSTRIELLE ET NUMÉRIQUE
- PORTE-PAROLE DU GOUVERNEMENT
- MINISTRE DES ARMÉES
- MINISTRE DE L'EUROPE ET DES AFFAIRES ETRANGÈRES
- PREMIÈRE MINISTRE
- MINISTRE DE L'INTÉRIEUR ET DES OUTRE-MER
- MINISTRE DE LA JUSTICE

Catherine Colonna

Sébastien Lecornu

Pap Ndiaye

Rima Abdul Malak

François Braun

SOCIÉTÉ

Des mouvements de rue contre les gouvernements, le racisme ou des lois liberticides se sont succédés.

BLACK LIVES MATTER

Le 25 mai 2020, George Floyd, un Afro-Américain de 46 ans est tué par la police. Arrêté pour être suspecté d'avoir tenté d'écouler un faux billet de 20 dollars, ce dernier est étouffé par un policier. Derek Chauvin lui appuie son genou sur le haut du corps, durant plus de 9 minutes, provoquant l'asphyxie. Dans un premier temps, les 4 policiers sur place affirment que le suspect tentait de se débattre, ce qui pouvait justifier leur geste. Mais plusieurs vidéos, dont une fortement partagée sur les réseaux sociaux, montrent G. Floyd les mains dans le dos et répétant « *I can't breathe* » (« je ne peux plus respirer »).
Ce meurtre déclenche une vague de manifestations contre le racisme et la brutalité policière suivie d'émeutes de grande ampleur. Il s'agit du mouvement le plus important aux États-Unis depuis les années 1960.

1. Quelle est la ville dans laquelle se déroulent les faits ?

☐ a) Détroit ☐ b) Philadelphie ☐ c) Minneapolis

2. Derek Chauvin était resté en poste malgré plusieurs plaintes à son encontre pour violences. Combien ont été déposées ?

☐ a) 6 ☐ b) 16 ☐ c) 12

3. Le lendemain, qu'arrive-t-il aux 4 policiers ?

☐ a) Ils sont arrêtés ☐ b) Ils sont renvoyés ☐ c) Ils ont un blâme

4. Le 7 juin, quelle décision la municipalité de Minneapolis prend-elle ?

☐ a) Elle démantèle le département local de la police ☐ b) Elle annonce un couvre-feu ☐ c) Elle déplace l'armée dans les quartiers défavorisés

5. Ces faits ne sont pas sans rappeler d'autres affaires similaires telles que celles de Michael Brown ou Éric Garner, eux aussi tués par les forces de police. En 2014, un mouvement s'est créé afin de dénoncer les violences à l'encontre des Afro-Américains. **Quel est son nom ?**

....

Ce mouvement appelle à plusieurs manifestations qui se déroulent dans les grandes villes américaines telles que Los Angeles, New York, Chicago, Las Vegas ou Minneapolis. Dans cette dernière ville surtout, les manifestations sont importantes, les participants ne faiblissent pas et la ville s'embrase.

6. Quelle décision est prise afin de les stopper ?

☐ a) Un couvre-feu ☐ b) L'envoi de 13 000 soldats ☐ c) Les 2

Donald Trump exacerbe les tensions en déclarant dans un tweet « *si les pillages commencent, on commencera à tirer* » (tweet masqué par Twitter pour « apologie de la violence »). Des affrontements ont lieu devant la résidence présidentielle dans la nuit du 31 mai au 1er juin.

7. Qu'advient-il de Trump ?

- [ ] a) Il est pris à partie par les manifestants et exfiltré en hélicoptère
- [ ] b) Il doit s'enfermer dans le bunker de la Maison Blanche
- [ ] c) Il part jouer au golf en Floride

Pour autant, plusieurs manifestations se déroulent sans heurt et pacifiquement, notamment celle du 3 juin devant la Maison Blanche.

Les manifestations se poursuivent durant l'été, amplifiées par plusieurs autres meurtres d'Afro-Américains perpétrés par la police (Rayshard Brooks, 2 balles dans le dos, Walter Wallace, David McAtee, dont le corps est laissé 12 heures dehors).

8. Au total, combien de villes et villages sont fortement impactés, aux États-Unis, par les manifestations ?

- [ ] a) 2 500
- [ ] b) 16 000
- [ ] c) 30 000

9. De nombreuses manifestations sont infiltrées par des groupes d'extrême droite qui utilisent la violence, espérant, dans certains cas, déclencher une guerre civile. Dans cet objectif, le 29 mai, en marge d'une manifestation antiraciste, Steven Carrillo (sergent de l'US Air Force), tire sur deux policiers qui montaient la garde devant le tribunal d'Oakland. Les violences d'extrême droite se multiplient et viennent de plusieurs mouvements.

Retrouvez le nom d'un de ces mouvements.

10. Quel est le bilan humain de ces manifestations ?

- [ ] a) 120 décès
- [ ] b) 32 décès
- [ ] c) 55 décès

11. En réaction, le Congrès du Mississippi adopte une décision historique. Laquelle ?

- [ ] a) Il demande la sécession de leur État
- [ ] b) Il fait don de 2 millions de dollars à la cause Black Lives Matter
- [ ] c) Il retire l'étendard confédéré de leur drapeau

Les manifestations contre les violences policières trouvent échos dans plusieurs pays du monde. Des manifestations se déroulent en mai et en juin dans plusieurs pays comme en France, Belgique, Canada, Allemagne, Australie, Mexique… En effet, plusieurs de ces pays sont aussi confrontés à des abus des forces de l'ordre. Derek Chauvin est condamné à 22 ans de réclusion le 25 juin 2021. Il a fait appel de la décision.

AUTRES EXEMPLES DE MOUVEMENTS DE RUE ASSORTIS DE VIOLENCES POLICIÈRES DE 2020 À 2022

Outre celles liées aux élections vues précédemment, d'autres revendications entraînent les populations dans la rue. Voici quelques exemples.

Hong Kong | La situation à Hong Kong ne date pas de 2020. **Reliez les événements aux dates suivantes.**

a La situation étant toujours tendue, une loi anti-masque est adoptée. Ces derniers seront interdits dans les manifestations et les contrevenants pourront être extradés vers la Chine. Vue comme une atteinte aux libertés fondamentales, les étudiants descendent de nouveau dans la rue et occupent les universités. Ils sont délogés violemment et l'un d'eux décède. La lutte contre les violences policières devient l'un des nouveaux mots d'ordre.
La loi anti-masque est annulée six semaines plus tard par la Haute Cour de Hong Kong pour inconstitutionnalité. Toutefois, la Chine fait appel et refuse cette décision.

b Répression de plus en plus virulente de la part de la Chine. Dissolution de plusieurs associations comme le syndicat des enseignants professionnels ou le front civil des droits humains.

c La cheffe de l'exécutif Carrie Lam propose un amendement à la loi sur l'extradition. Il s'agirait d'un transfert possible des suspects vers la Chine, ce qui menace l'indépendance de la justice hongkongaise. La population retourne dans la rue et le projet est retiré. Mais, lassée des ingérences fréquentes de Pékin, la population poursuit ses manifestations.

d Rétrocession de Hong Kong à la Chine par le Royaume-Uni. Hong Kong obtient le statut de région administrative spéciale. Elle jouit d'une semi-autonomie selon le principe « un pays, deux systèmes ». Le gouvernement chinois s'occupe de la politique étrangère et de la défense. En théorie, le pluripartisme politique est autorisé. L'anglais y est la seconde langue officielle.

e Arrestation de Ronson Chan, président de l'association des journalistes pour « entrave aux forces de l'ordre et troubles à l'ordre public ». Il aurait refusé de montrer sa carte d'identité lors d'un contrôle.

- 1997
- 2014 – 22 Septembre
- 2019 – 15 Mars
- 2019 – 5 Octobre
- 2020 – 1er Janvier
- 2020 – 30 Juin

f La loi sur la sécurité nationale est adoptée. Elle est perçue comme une tentative pour museler l'opposition et, le lendemain, les manifestations reprennent. Des centaines de personnes sont arrêtées pour avoir violé la loi sur la sécurité nationale.
Plusieurs pays, dont le Royaume-Uni, condamnent l'attitude de la Chine.

g Départ d'Amnesty International suite à une « *intensification de la campagne menée par les autorités pour débarrasser la ville de toute voix dissidente. Il est de plus en plus difficile pour nous de continuer à travailler dans un environnement aussi instable.* » (AI)

h Remplacement de Carry Lam par John Lee, ancien patron de la sécurité qui a dirigé la répression en 2019.

i Nouvelle manifestation suite aux vœux du président Xi Jinping.
La directrice du bureau de liaison du gouverneur central à Hong Kong démissionne quelques jours plus tard.

j Arrestation de 47 opposants pour « complot en vue de commettre un acte de subversion ». Il leur est reproché d'avoir organisé ou participé à des élections non autorisées en vue d'investir des candidats d'opposition.

k Le gouvernement chinois propose que toute candidature aux élections soit soumise à l'approbation d'un comité de nomination. Ce dernier serait composé de délégués choisis par le Parti communiste chinois (PCC).
Cette décision entraîne de grandes manifestations étudiantes. Ils sont rapidement rejoints par la population de la métropole (environ 700 000 manifestants).
Le mouvement s'inspire d'*Occupy*.
Il demande notamment la démission de Leung Chun-ying, qui dirige Hong Kong et qui est accusé de correction.
Le mouvement, surnommé « *révolution des parapluies* », dure plusieurs semaines.

- 2021 Janvier
- 2021 Été
- 2021 31 Octobre
- 2022 Septembre
- 2022 1er Juillet

LA LOI SÉCURITÉ GLOBALE

Les nombreux conflits sociaux qui secouent la France mettent les forces de l'ordre en première ligne. La violence dont une minorité fait preuve vis-à-vis des manifestants est de plus en plus mise en avant. La diffusion d'images *via* les réseaux sociaux apporte des preuves de coups ou de comportements inappropriés.

En parallèle, les policiers sont de plus en plus ciblés. Le 10 octobre 2020, le commissariat de Champigny-sur-Marne est attaqué par des « tirs de mortiers d'artifice ».

C'est dans ce contexte que l'Assemblée vote la loi « sécurité globale » le 24 novembre 2020. Elle prend appui sur les préconisations d'un rapport publié en 2018.

Vus comme une menace pour les libertés fondamentales, plusieurs articles sont mis en cause et entraînent des « marches des libertés » comme le 12 décembre. Ces articles sont d'autant plus contestés que, le 26 novembre, une vidéo devient virale. Michel Zecler, producteur de musique d'origine africaine, y est tabassé, sans raison apparente, par des policiers. Or, la loi prévue ne permettrait plus de dénoncer ce type de pratiques. L'ONU et de nombreux membres de la société civile condamnent, eux aussi, ce projet de loi.

Voici une liste d'articles, rayez ceux qui ne sont pas dans la loi sécurité globale.

La loi sécurité globale

a - Autorisation d'utiliser le taser envers les manifestants dans le but de les disperser.

b - Fin de la réduction automatique des peines pour violence sur la police.

c - Autorisation de frapper un manifestant si ce dernier ne fait pas preuve de violence mais peut le devenir.

d - L'insulte à un représentant des forces de l'ordre est désormais un crime.

e - Interdiction de filmer ou de diffuser des images des forces de l'ordre et dans lesquelles ils sont reconnaissables.

f - Mise en place d'une Cour de justice spéciale pour violences envers les forces de l'ordre.

g - Un policier ou un gendarme ne peut se voir retirer son arme dans un établissement recevant du public.

h - Possibilité de filmer les citoyens en utilisant davantage de caméras-piétons, aéroportées ou *via* drones.

i - Mise en place de guichets au commissariat pour dépôt de plainte contre les forces de l'ordre.

AVANCÉES DES DROITS DES FEMMES ET DES HOMOSEXUELS

Si les minorités ont été malmenées par certains, le début de la décennie 2020 a toutefois été marquée par des avancées et des victoires en matière de droits des femmes et des homosexuels.

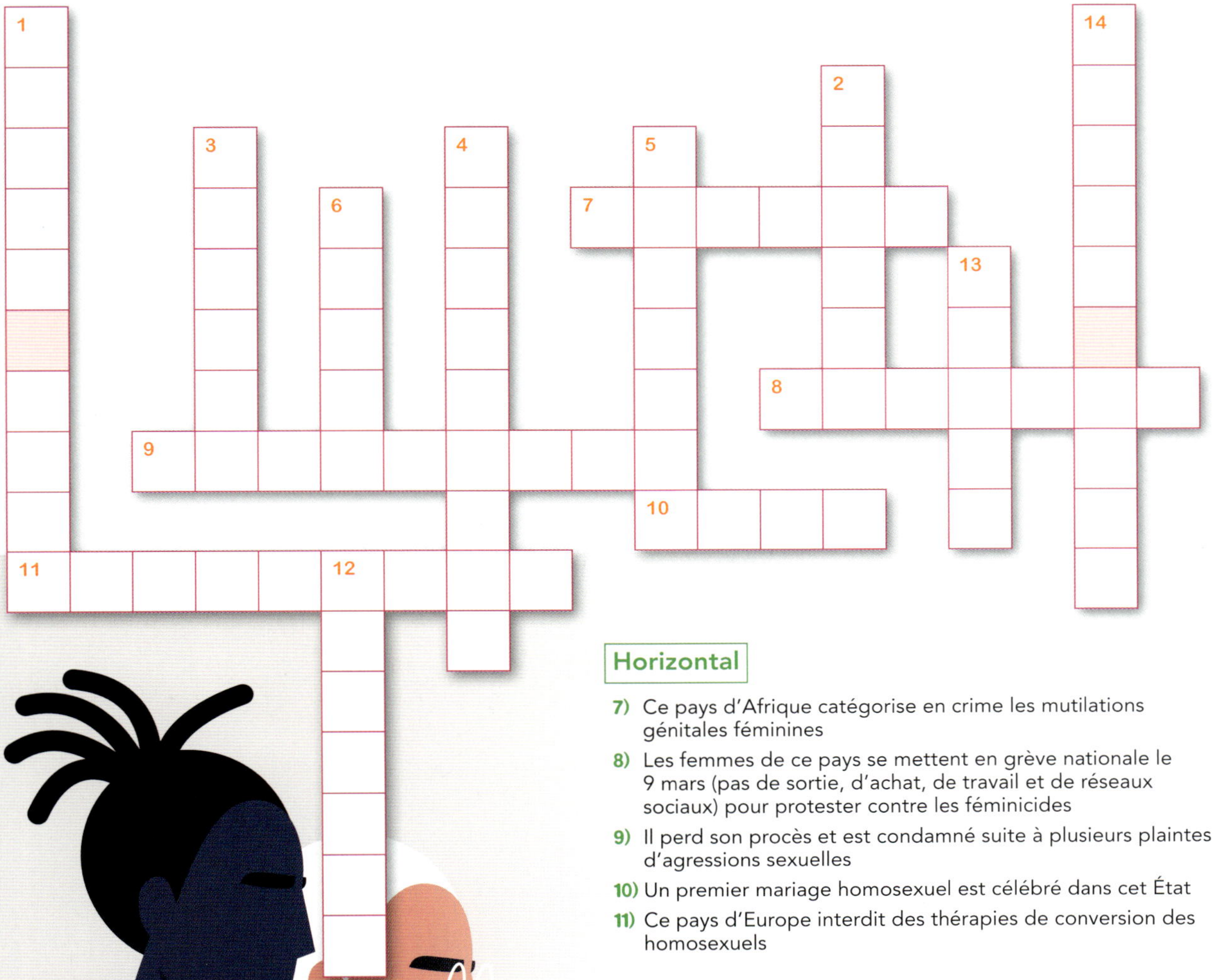

Horizontal

7) Ce pays d'Afrique catégorise en crime les mutilations génitales féminines

8) Les femmes de ce pays se mettent en grève nationale le 9 mars (pas de sortie, d'achat, de travail et de réseaux sociaux) pour protester contre les féminicides

9) Il perd son procès et est condamné suite à plusieurs plaintes d'agressions sexuelles

10) Un premier mariage homosexuel est célébré dans cet État

11) Ce pays d'Europe interdit des thérapies de conversion des homosexuels

Vertical

1) Ce pays devient le 1er d'Amérique centrale a autorisé le mariage homosexuel

2) Ce pays rend, en 2021, la PMA accessible à tous

3) Cet État adopte la gratuité des protections périodiques féminines

4) L'Assemblée de ce pays d'Amérique a adopté la loi sur la légalisation de l'avortement

5) À l'inverse des autres, ce pays recule sur l'avortement

6) Ce pays d'Afrique a dépénalisé l'homosexualité

12) Ce pays d'Europe interdit les thérapies de conversion des homosexuels

13) Pays d'Amérique latine qui autorise le mariage pour tous en 2021

14) Le 24 juin 2022, l'arrêt Roe vs Wade y est annulé. Les États de ce pays sont donc libres d'accorder ou non le droit à l'avortement. C'est l'un des rares pays où ce droit régresse

ÉCONOMIE

Brexit, nouveaux accords de libre-échange, conséquences de la guerre en Ukraine et de la Covid, impactent fortement l'économie mondiale.

ACCORDS DE LIBRE-ÉCHANGE

Amérique

Le 1er juillet 2020, l'Accord de libre-échange nord-américain (ALENA) change de nom et se transforme en incorporant de nouvelles dispositions « visant à résoudre les enjeux commerciaux du XXIe siècle ».

Quel est le nom de ce nouvel accord ? ....

Indice : **il porte le nom des 3 membres dans l'ordre alphabétique.**

https://www.international.gc.ca

Asie

Le 15 novembre est signé le Partenariat régional économique globale (RCEP en anglais) entre la Chine et 14 pays. Plus de 2 milliards d'habitants sont concernés et cette association est la plus riche du monde (en termes de PIB). **Retrouvez les pays qui la composent dans la grille ci-dessous.**

R	Y	F	D	T	I	C	O	R	E	E	D	U	S	U	D
Y	Q	E	N	L	I	N	M	A	N	T	E	I	V	C	M
Z	I	U	O	K	B	I	D	Z	G	Q	Ç	I	V	Z	O
B	Z	C	U	V	U	H	E	O	Z	Q	Ç	C	K	N	P
E	A	N	V	A	Y	Ç	C	I	N	W	Y	J	R	K	N
I	A	A	E	T	O	F	W	A	N	S	D	U	R	B	R
N	O	G	L	P	H	I	L	I	P	P	I	N	E	S	U
A	P	Q	L	H	J	A	M	O	L	Q	U	E	X	M	O
M	L	K	E	H	A	S	I	A	E	E	L	A	O	S	P
R	T	T	Z	H	P	D	F	L	L	C	N	R	W	H	A
I	W	R	E	R	O	A	Ç	G	A	A	P	I	Y	X	G
B	Z	H	L	I	N	T	P	F	Q	N	I	K	H	I	N
F	N	C	A	M	B	O	D	G	E	K	D	S	M	C	I
B	R	U	N	E	I	A	J	O	P	Q	M	E	I	F	S
A	X	I	D	B	B	A	T	H	M	H	C	X	R	E	W
Q	R	M	E	E	R	G	A	U	S	T	R	A	L	I	E

Indonésie
Thaïlande
Singapour
Malaisie

Philippines
Vietnam
Birmanie
Cambodge

Laos
Brunei
Chine
Japon

Corée du Sud
Australie
Nouvelle-Zélande

BREXIT

1 Le 22 janvier 2020, les députés adoptent, à la majorité, le texte sur le Brexit et en font une loi nationale. Ainsi, après plusieurs années de négociations, le Royaume-Uni quitte l'Union européenne dans la nuit du 31 janvier au 1er février 2020. Pour autant, jusqu'au 31 décembre 2020, il s'agit d'une période de transition. Les pourparlers se poursuivent afin de définir les conditions du départ. Le 24 décembre 2020, après de longs mois de négociations, Michel Barnier, le négociateur européen, annonce qu'un accord a été trouvé *in extremis*.

Barrez les propositions qui ne font pas partie de l'accord.

a) Les échanges d'étudiants *via* Erasmus se poursuivent.

b) Les échanges se poursuivent sans droit de douane ni quotas pour la plupart des marchandises.

c) Un tribunal est créé en cas de désaccord ou non-respect du traité.

d) La frontière entre les deux Irlande se ferme.

e) Le Royaume-Uni et l'Union européenne poursuivent leur coopération policière.

f) L'UE devra réduire sa pêche en eau britannique de 25 %.

g) Les pêcheurs européens peuvent continuer à exercer dans les eaux britanniques pour 5 ans.

h) Les Européens devront avoir un visa pour se rendre au Royaume-Uni.

i) Le Royaume-Uni et l'Union européenne conservent une politique étrangère commune.

j) Le Royaume-Uni continue de participer à des projets européens sous réserve de participer au budget.

k) Le Royaume-Uni reste membre du marché unique.

l) Si l'une des parties ne respecte pas ses engagements, les droits de douane seront élevés.

m) Les transports de passagers seront soumis à de stricts contrôles.

Même si un Brexit dur est évité, les conséquences du Brexit se font sentir en 2021.

2 La situation se tend entre Londres et Paris au sujet de la pêche et notamment au large de

Y E E J R S

....

En effet, seuls les pêcheurs qui peuvent prouver qu'ils y pêchaient auparavant peuvent obtenir l'autorisation d'y rester, chose difficile à prouver. Fin décembre 2021, des centaines de demandes n'ont pas encore été traitées positivement.

Le Royaume-Uni connaît aussi des séries de pénuries, sur l'essence par exemple. Elles sont liées au manque de main-d'œuvre, principalement dans l'agriculture ou chez les chauffeurs routiers.

CONSÉQUENCES DE LA COVID SUR LES PIB EN 2020

Avec les fermetures de frontières et les restrictions liées aux confinements, la consommation diminue, ce qui entraîne une chute de la production et impacte le cours des matières premières. Les PIB s'effondrent. **Retrouvez les pays ou continents concernés.**

Vertical

1) 2ᵉ puissance économique, elle parvient à se reprendre et son PIB ne chute que faiblement en 2020
3) Pays qui, selon les prévisions du FMI, seront les plus impactés par la crise (2 *ex aequo*)
4) Continent dont la récession est estimée à 3,2 % en 2020 et qui devrait connaître, selon le FMI, une reprise rapide
7) Pays qui connaît sa première récession depuis 30 ans
8) Pays qui, au 2ᵉ trimestre 2020, avait la pire récession en Europe
9) 1ʳᵉ puissance mondiale qui a été impactée entre mars et juillet avec une chute de 9,5 % de son PIB
10) En juillet 2020, cette association régionale a, pour la 1ʳᵉ fois de son histoire, emprunté 750 milliards d'euros sur les marchés. 390 milliards d'euros seront consacrés sous forme de subventions

Horizontal

2) Pays asiatique qui sera le plus touché par la crise liée à la Covid (prévision FMI)
5) Continent qui connaît le recul économique le plus important depuis les années 1990
6) Pays froid dont le PIB a connu la plus forte baisse de son histoire avec 38,7 % du PIB
11) Pays d'Amérique qui sera le plus touché par la crise liée à la Covid (prévision FMI)
12) Puissance d'Amérique latine dont le PIB chute de 9,7 % entre avril et juin
13) Pays dont le PIB chute de 13,8 % après le 1ᵉʳ confinement, il s'agit de la baisse la plus importante depuis 1945
14) Pays d'Afrique qui sera le plus touché par la crise liée à la Covid (prévision FMI)

CONSÉQUENCES DE LA COVID À ÉCHELLE MONDIALE EN 2021

1 Voici une série de chiffres, ils correspondent à la hausse des prix entre 2020 et 2021 ou à des taux d'inflation. **Reliez chaque hausse à son produit ou son espace.**

2 Cette hausse des prix est liée à une chaine de faits, **remettez-les dans le bon ordre.**

- a Hausse de la consommation
- b Hausse des prix des matières premières
- c Hausse des prix à la consommation
- d Manque de stock du fait de l'arrêt des usines
- e Hausse de la demande de matières
- f Relance de la production
- g Politique publique de relance
- h Marché sous tension
- i Fin du confinement
- j Pénurie de conteneurs

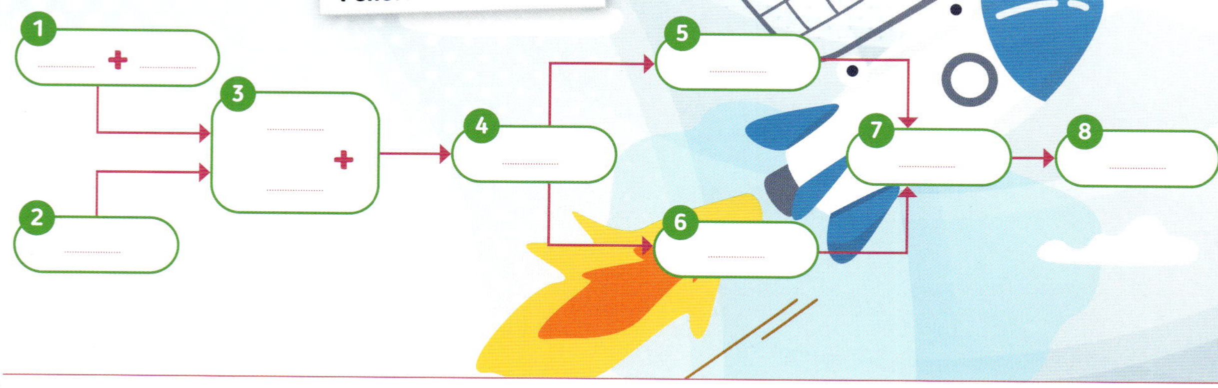

L'ÉCONOMIE MONDIALE EN 2022

En 2022, la guerre en Ukraine et les effets du dérèglement climatique s'ajoutent à ceux de la Covid. L'économie mondiale est ralentie, l'inflation se poursuit. Certains pays connaissent des taux d'inflation records : 95 % en Argentine, 210 % au Venezuela, 155 % au Soudan du Nord… Les taux d'inflation sont variables au sein de l'UE.

Coloriez en rouge les 3 pays de l'UE ayant la plus forte inflation en 2022 et, en jaune les 3 pays les moins touchés.

DIVERS

1

Le 7 mars 2020, sans lien direct avec la Covid, un pays annonce le 1er défaut de paiement de son histoire. Quel est-il ?

Remettez les lettres dans l'ordre.

I N A B L

2

Le 23 mars 2021, une partie du trafic maritime mondial est bloqué à cause de l'Ever Given, un porte-conteneurs de 400 mètres. Quel endroit du globe a-t-il bloqué ?

3

Elle a été obligée de fermer une journée suite à une panne informatique, du jamais vu depuis 1999.

De quel endroit s'agit-il ?

(Indices : Asie • capitale • Nikkei 35)

4

Après avoir vu sa valeur s'envoler à 66 136 $ en 2021, elle est divisée par 3 au printemps 2022. Pourtant, en septembre 2021, il est devenu l'une des monnaies officielles du Salvador.
Il s'agit de ....

5

En octobre 2022, ce milliardaire devient le patron de Twitter.
Qui est-il ?

6

Vu comme une valeur refuge, le cours de l'or s'envole après les confinements.
Le 10 août 2020, combien une once d'or (soit environ 31 grammes) vaut-elle ?
Trouvez sa valeur arrondie grâce à ces indices :

1ER Chiffre *correspond au nombre de mandat de François Mitterrand.*

2E Chiffre *est celui sous lequel tout est négatif.*

3E Chiffre *est le même que son ordre ici.*

4E Chiffre *est le chiffre le plus haut du système décimal.*

GÉOPOLITIQUE

Depuis 2020, les relations entre les pays se tendent. Plusieurs conflits ont éclaté.

UKRAINE ET RUSSIE

L'Ukraine est un ancien état de l'URSS. En 1957, pour récompenser sa fidélité, Moscou lui donne la Crimée. À la chute de l'URSS, la Russie souhaite récupérer la province. Sa population, majoritairement russophone y est favorable. En 1997, il est décidé que l'Ukraine reste en possession de la région. En contrepartie, la Russie obtient le droit de « louer » la base de Sébastopol pour 20 ans. La population de la région, majoritairement russophone, conteste cette décision et demande le retour de la zone en Russie. En 2014, une guerre civile éclate entre les pro-ukrainiens et les pro-russes. La Russie les soutient.

1 Parmi les propositions suivantes, entourez les conséquences de ce premier conflit en Ukraine

- La Russie annexe tout l'est du pays.
- En 2021, l'Ukraine entre dans l'Union européenne.
- En 2014, après un référendum non officiel, la Crimée se déclare indépendante et se rattache à la Russie. En novembre, le Donetsk s'autodéclare République et élit un dirigeant.
- L'Ukraine, la Géorgie et la Moldavie signent un accord d'association avec l'UE. Il doit, à terme, aboutir à la suppression des barrières douanières.
- L'Ukraine adhère à l'OTAN.
- L'Ukraine abandonne son statut de non-aligné. Pris à la fin de la Guerre froide, ce dernier lui interdisait de rejoindre les organisations de l'ouest.
- En 2019, Vladimir Poutine déclare renoncer à la Crimée.
- Le 18 janvier 2018, le Parlement ukrainien adopte une loi sur la réintégration du Donbass considéré comme « occupé par la Russie ». La loi prévoit la mise en place d'une armée régulière dans la zone et des pouvoirs élargis au Président. Les pro-russes et Moscou s'y opposent alors que Washington et Bruxelles soutiennent la mesure.

LA GUERRE EN UKRAINE ÉCLATE EN 2022

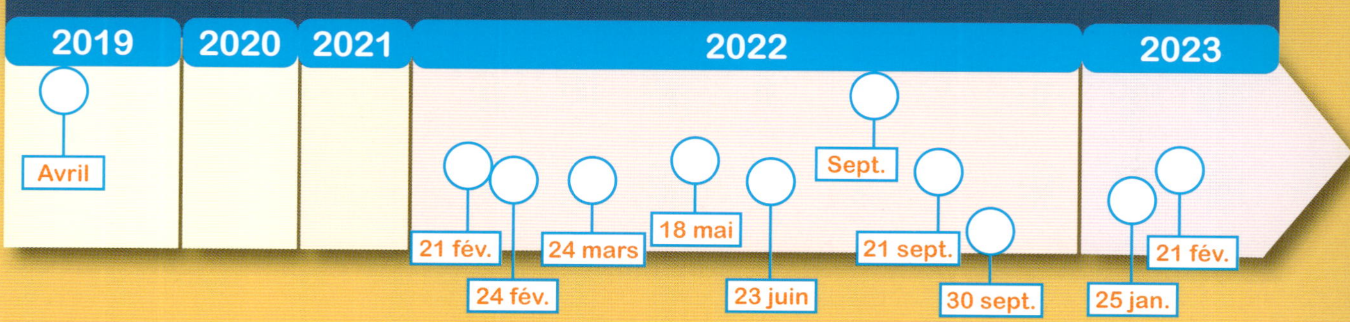

2 Bilan humain de la guerre en Ukraine (février 2023), compléter avec les chiffres suivants

- **a** 5 352 000
- **b** 9 000
- **c** 118 994
- **d** 300
- **e** 7 031
- **f** 1 055 323
- **g** 1 563 386
- **h** 7 031
- **i** entre 40 000 et 60 000
- **j** 433
- **k** 8 073 182

Selon les Nations unies ◯ personnes ont été tuées dans les régions de Donetsk et Louhansk, parmi elles des enfants.
Le 2 avril 2022, après le retrait de l'armée russe, les corps de plus de ◯ civils sont retrouvés à Boutcha.

La Russie aurait perdu ◯ soldats dont ◯ du groupe Wagner.
(Sources, ministère de la défense britannique et États-Unis)

Selon l'ONU, ◯ Ukrainiens ont dû fuir leur domicile mais sont restés dans le pays, ◯ sont partis vers l'Europe.
La Pologne et l'Allemagne ont accueilli le plus de réfugiés avec respectivement ◯ et ◯ personnes.
◯ ont été accueillies en France.

3 Placez les événements suivants sur la frise ci-contre

- **a** La Suède et la Finlande déposent leurs candidatures à l'OTAN.
- **b** L'Allemagne décide la livraison de chars lourds à l'Ukraine.
- **c** La Russie reconnait l'indépendance des territoires de Donetsk et de Louhansk.
- **d** Vladimir Poutine annexe les régions de Donetsk, Kherson, Zaporijjia et Louhansk. La communauté internationale refuse de légitimer cela.
- **e** Après une avancée importante, l'armée russe est repoussée à l'est de Kiev.
- **f** L'Ukraine et la Moldavie proposent leurs candidatures pour entrer dans l'Union européenne.
- **g** La Russie envahit l'Ukraine.
- **h** Explosions en Pologne.
- **i** Élection de Volodymyr Zelenski à la présidence.
- **j** L'Ukraine parvient à reprendre l'est du pays – près de 2000 km. Vladimir Poutine organise un referendum dans les zones pro-russes. Les citoyens doivent s'exprimer soit sur l'adhésion à la Russie en tant que « sujet fédéral » (dans les Républiques autoproclamées de Lougansk et Donetsk), soit sur la sécession, la création d'un pays indépendant qui a pour vocation de devenir « sujet Fédéral » pour les oblasts de Zaporijia et Kherson. Le « oui » l'emporte à la grande majorité des votants.
- **k** Mobilisation partielle décrétée en Russie, plus de 300 000 soldats supplémentaires sont prévus.
- **l** Vladimir Poutine annonce la suspension de la participation de son pays aux accords START (signés en 1991 et renouvelés en 2021 avec pour objectifs la non escalade nucléaire).

RELATIONS SINO-AMÉRICAINES

Déjà assez dégradées, les relations entre la Chine et les États-Unis se tendent davantage en 2020. Si l'un prend une décision, l'autre s'empresse de faire de même ou d'aller à son encontre.

Voici un exemple de faits, pour chacun précisez si ce sont les États-Unis qui débutent ou la Chine en écrivant 1 ou 2 dans la bulle.

1

a. Le Chine demande la fermeture du consulat américain de Chengdu. ◯

b. Les États-Unis demandent la fermeture du consulat chinois de Houston. ◯

2

a. La Covid vient de Chine et Pékin est accusé par Trump d'avoir gardé le secret. ◯

b. Selon le porte-parole du ministère chinois des Affaires étrangères, les soldats américains, en visite à Wuhan en octobre 2019, auraient pu apporter le virus. ◯

3

a. La Chine annonce un don de 2 milliards de dollars à l'OMS. ◯

b. Les États-Unis suspendent le financement de l'OMS. ◯

4

a. La Chine annonce des sanctions envers 3 Américains, dont les sénateurs Marc Rubio et Ted Cruz, qui la critiquent ouvertement. ◯

b. Les États-Unis annoncent soutenir Hong Kong et sanctionnent les dirigeants chinois accusés de prendre part aux exactions envers les Ouïghours. ◯

5

a. La Chine lance une sonde en direction de Mars. ◯

b. Les États-Unis lancent une sonde en direction de Mars. ◯

Pour rappel, le conflit dure depuis octobre 2001. Si les Talibans, alors au pouvoir, sont rapidement défaits, le gouvernement de transition peine à asseoir son autorité et le conflit perdure. Il oppose les troupes américaines et gouvernementales aux Talibans. En 2020, le pays entre dans une crise politique.

Complétez les phrases suivantes avec les mots :

a les États-Unis

b (les) Talibans

c le gouvernement afghan

d Trump

e les forces armées gouvernementales

Vie dans un quartier de la ville de Kaboul, capitale de l'Afghanistan.

Le 22 février, une trêve est signée entre ...... [1] et ...... [2]. Le 29 février, un accord de paix entre ...... [3] et ...... [4] est trouvé, il devrait mettre fin à la guerre qui dure depuis 2001. Le pays entre en crise politique après les élections. Le 17 mai, le président Ghani et son rival politique, le docteur Abdullah, signent un accord afin de mettre fin aux tensions.

Début août, la décision de libérer 400 prisonniers ...... [5] est actée. Elle ouvre la voie à des négociations entre ...... [6] et ...... [7]. Ces dernières se déroulent à Doha et débutent le 12 septembre. L'objectif principal est de trouver un compromis qui aboutisse à un cessez-le-feu. Il sera aussi question de la mise en place d'un éventuel nouveau régime, des droits des femmes… Elles peinent à aboutir.

Le 12 novembre, ... [8] annonce le retrait des soldats américains pour mi-janvier.

Il est partiellement suspendu du fait des tensions latentes, puis repris par Joe Biden.

Le 1er mai, les troupes américaines et celles de l'OTAN débutent leur retrait. Face à ces départs massifs, ... [9] passent à l'offensive. Du 6 au 14 août 2021, ils s'emparent du pays. Kaboul tombe le 15 août. Le gouvernement d'Ashraf Ghani démissionne, le président s'exile aux Émirats arabes unis. ...... [10] proclament le rétablissement de l'Émirat islamique d'Afghanistan. Cette situation engendre une panique chez les Occidentaux qui ont encore des milliers de ressortissants sur le sol afghan et souhaitent évacuer ceux qui leur ont apporté une aide (afin d'éviter qu'ils soient victimes de représailles). Or, l'armée des ...... [11] tient toujours l'aéroport de Kaboul. Afin de sécuriser les départs, les États-Unis annoncent l'envoi de 2 000 soldats supplémentaires. Washington prévoit l'évacuation de plus de 30 000 personnes via les bases américaines situées au Qatar, au Koweït ou à Ramstein en Allemagne. Au final, en 10 jours, ce sont 70 700 personnes qui parviennent à quitter Kaboul. ...... [12] exhortent les étrangers à quitter le pays avant le 31 août, date fixée initialement. Plusieurs scènes de chaos ont lieu aux abords de l'aéroport : des mouvements de foules entraînent le décès de 7 personnes. La situation est aggravée par deux attentats à ses portes et dans l'un des hôtels le 26 août. Plus de 10 militaires américains et au moins 60 civils sont tués. L'État islamique revendique les explosions. Washington est accusée de ne pas avoir assez anticipé cette situation et prévu des clauses spécifiques à l'évacuation lors des accords de Doha.

Le 22 août, malgré les pressions de l'Union européenne, les ...... [13] confirment la fin de la mission américaine en Afghanistan dans le cadre d'un sommet du G7. Ils précisent toutefois que le respect de la date du 31 août dépend de l'accès accordé à l'aéroport par les nouveaux maîtres du pays.

Le 28 septembre, ... [14] annoncent qu'ils adopteront temporairement la Constitution de la dernière monarchie datant de 1964. Ils précisent que tous les points vus comme « non conforme à la charia » en seront retirés. La loi islamique est en vigueur dans le pays. Premières victimes, les femmes sont cantonnées dans leur foyer.

Cependant, le nouveau régime se heurte à plusieurs problèmes.

D'une part, les attentats de Daesh, d'autre part, l'approvisionnement du pays. En effet, l'Afghanistan est mis au ban du commerce international et la plupart des ONG ont quitté le pays. Face au manque probable de nourriture, ... [15] acceptent que les ONG soient exemptées de sanctions en cas d'aide humanitaire. En conséquence, à l'automne 2022, entre 95 et 97 % de la population vivraient sous le seuil de pauvreté et 90 % serait en situation de sous-alimentation (70 % avant aout 2021). *(Source ONU)*

CHINE ET INDE

En 2020, la Chine et l'Inde se retrouvent face à face sur leur zone frontalière. Voici un résumé de la situation : **entourez la bonne proposition.**

Depuis *1945 • 1962 • 1954 • 1973*, **la frontière entre la Chine et l'Inde est délimitée par la** *ligne de contrôle effective • ligne de démarcation • frontière fermée*. **Mais cette limite reste floue et des accrochages ont déjà eu lieu entre les armées stationnées des deux côtés, chacune pensant être dans son bon droit. Le dernier affrontement meurtrier date de** *1975 • 1989 • 2001 • 2010*.

Pourtant, en mai 2020, les soldats s'affrontent à coups de poing. En représailles, la Chine avance dans le *Kilimandjaro • Népal • Ladakh*, **situé en zone indienne. L'Union indienne envoie des renforts.**

Le 16 juin, un nouvel affrontement éclate dans la zone.

Les soldats se battent au *lance-roquettes • à coups de fusils, de mitraillettes et de grenades • au corps à corps, à coups de pierres ou de bambous cloutés*. **Une partie est noyée.**

110 • 20 • 87 • 2 **trouvent la mort du côté indien mais la Chine refuse de donner son bilan.**

Les deux pays souhaitent apaiser la situation et annoncent, dès juillet, le recul respectif de leurs troupes. En septembre, une réunion à *Doha • Moscou • Washington • Paris* **permet de réaffirmer la trêve.**

Pourtant, fin décembre 2022, l'Inde continue de masser ses troupes à la frontières et des heurts éclatent.

HAUT-KARABAGH

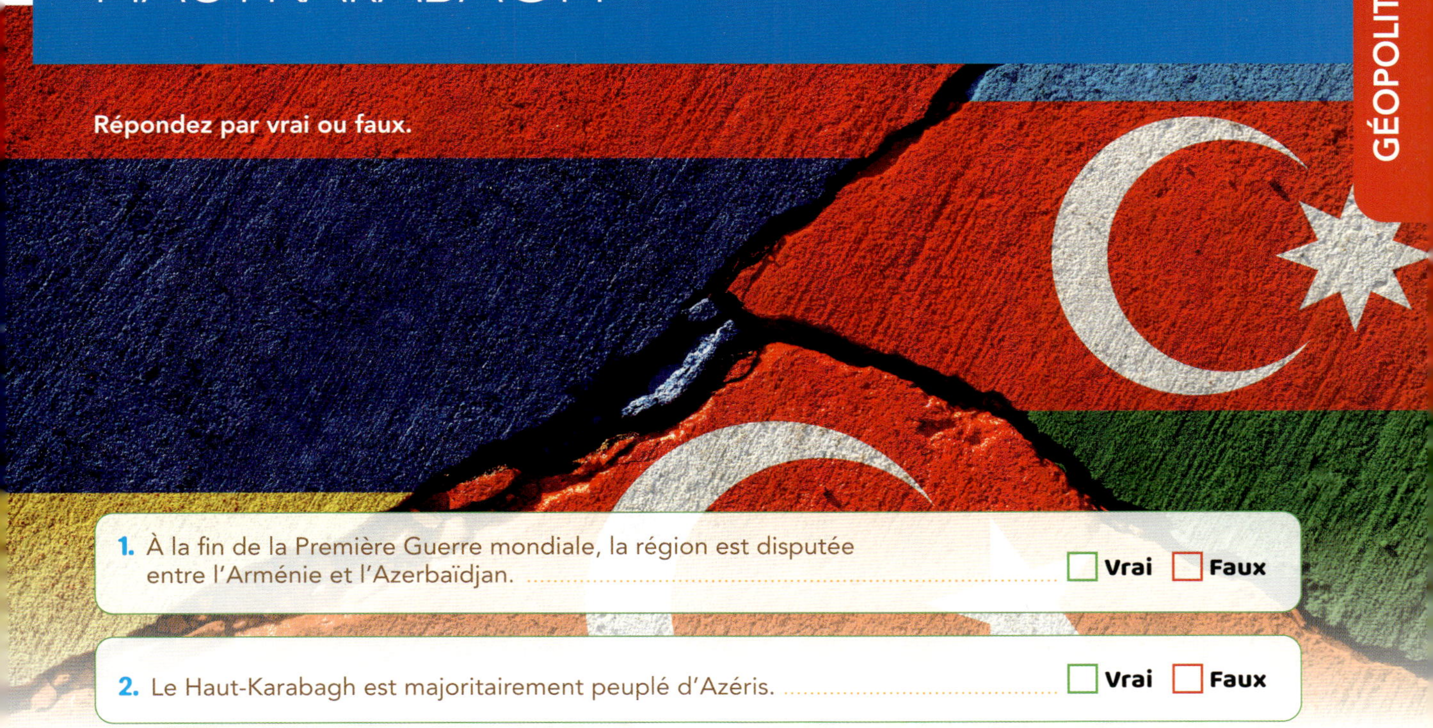

Répondez par vrai ou faux.

1. À la fin de la Première Guerre mondiale, la région est disputée entre l'Arménie et l'Azerbaïdjan. ☐ Vrai ☐ Faux

2. Le Haut-Karabagh est majoritairement peuplé d'Azéris. ☐ Vrai ☐ Faux

3. En 1921, la région est confiée à l'URSS. ☐ Vrai ☐ Faux

4. En 1989, les Arméniens partent de la région. ☐ Vrai ☐ Faux

5. L'année de la dissolution de l'URSS, le Haut-Karabagh proclame son indépendance sans toutefois être reconnu. ☐ Vrai ☐ Faux

S'en suit une guerre pour le contrôle de la région. Les conflits cessent en 1994 mais aucune solution pérenne n'est trouvée malgré les tentatives de résolution conjointes de la France, des États-Unis et de la Russie.

6. Cette association se nomme groupe de Paris. ☐ Vrai ☐ Faux

7. La tension monte en juillet 2020 et la guerre éclate le 27 septembre. Elle oppose l'Azerbaïdjan soutenue par la Turquie au Haut-Karabagh soutenu par l'Arménie. ☐ Vrai ☐ Faux

8. Plusieurs cessez-le-feu sont signés entre le 27 septembre et le 10 novembre. ☐ Vrai ☐ Faux

9. La guerre se solde par la victoire de l'Arménie. ☐ Vrai ☐ Faux

10. Le conflit a fait plus de 6 000 morts militaires et près de 150 civils. ☐ Vrai ☐ Faux

GÉOPOLITIQUE

ISRAËL ET PALESTINE

Le conflit israélo-palestinien dure depuis 1948, date à laquelle l'État d'Israël est proclamé par Ben Gourion. Toutefois, le plan de partage de la zone, proposé par les Occidentaux, ne satisfait pas les Palestiniens ni les États arabes voisins.

En 2020, la situation est toujours tendue. Israël a, suite à de nombreuses victoires, annexé plusieurs régions et fonde des colonies sur les territoires palestiniens de Cisjordanie.

Le 28 janvier 2020, Donald Trump dévoile un plan de paix pour la Palestine.

Mettez une croix dans le tableau afin de déterminer ce que chacun obtiendrait.

	Israël	Autorité palestinienne
Reconnaissance de la souveraineté sur les colonies en Cisjordanie		
Annexion de la région du Jourdain accordée		
Gel de la colonisation durant 4 ans minimum		
Reconnaissance de l'autre État		
Obtention des territoires situés à la frontière égyptienne		
Jérusalem passe en intégralité sous son contrôle		
Limitation militaire à des forces intérieures, démilitarisation partielle		
L'État renonce au contrôle de ses frontières et à son espace aérien		

L'Autorité palestinienne refuse ce plan, l'ONU le rejette à son tour.

La vieille ville de Jérusalem, Israël.

ISRAËL ET SES VOISINS ARABES

Retrouvez le nom de plusieurs pays dans les mots cachés ci-dessous. 3 parmi eux sont des États arabes. Ils ont normalisé leurs relations avec Israël en 2020. Avant cela, seuls 4 pays sur les 22 de la Ligue arabe reconnaissaient l'État hébreu.

En 2021, un nouveau plan pour le Golan, annoncé par Tel-Aviv ravive les tensions.

S	R	R	O	L	G	Z	B	I	D	Q	N	H	L	I	T	D	T	V	J
K	H	D	I	A	R	G	E	N	T	I	N	E	T	T	T	V	R	X	X
Y	G	S	M	I	E	Z	H	B	V	H	S	B	Ç	N	N	N	J	C	J
Q	E	E	T	C	A	N	A	D	A	K	N	B	H	B	C	O	R	A	M
L	S	Ç	K	I	M	E	Ç	N	Z	R	A	W	R	Ç	W	I	V	I	O
J	S	W	R	L	L	S	H	O	S	H	N	E	E	G	A	E	F	J	V
A	I	T	G	I	F	P	E	A	R	J	S	J	C	A	T	U	E	D	D
A	U	M	U	H	I	A	Ç	E	D	I	L	L	N	G	Q	Q	I	O	D
U	S	V	P	C	I	G	I	V	L	L	J	G	A	Ç	M	I	U	M	I
T	G	Q	H	O	O	N	I	Ç	X	I	L	V	R	E	E	G	A	F	S
R	N	Y	C	L	U	E	F	K	Q	E	T	J	F	E	H	L	A	C	L
I	K	E	Y	U	Z	I	G	T	T	T	Ç	A	T	E	V	E	M	B	Q
C	Z	Q	C	X	I	R	B	E	M	E	Ç	Q	L	W	T	B	M	Z	L
H	C	C	X	E	C	S	R	Y	Z	J	E	U	Q	I	X	E	M	S	X
E	V	A	F	M	R	R	A	K	Q	S	S	S	Z	F	E	R	H	T	Y
L	I	D	F	B	E	G	I	V	T	E	I	Ç	Y	X	K	E	B	D	A
J	P	F	X	O	N	V	T	J	J	H	S	K	W	O	I	F	Ç	N	R
I	L	F	O	U	I	J	R	X	I	I	K	Q	N	X	X	E	Y	R	A
B	E	M	I	R	A	T	S	A	R	A	B	E	S	U	N	I	S	X	O
Ç	I	N	U	G	Y	O	A	E	I	V	I	L	O	B	O	Y	J	Ç	X

L'ÉTHIOPIE

Entourez la bonne réponse.

L'Éthiopie, l'un des pays *les plus peuplés • moins peuplés* d'Afrique avec près de 110 millions d'habitants, a un système de type *fédéral • local • régional*.

6 millions • 2 millions de personnes vivent dans l'État du Tigré, situé à la frontière avec *l'Érythrée • le Mozambique • le Soudan*.

Mekele, la capitale du Tigré, bénéficie de financements versés au titre de la Constitution par le gouvernement. La province est l'une des *plus pauvres • plus riches* du pays.

Depuis le 4 novembre 2020, un conflit armé oppose le parti majoritaire de l'État, le Front de libération du peuple du Tigré (FLPT), et le gouvernement.

Pour comprendre ce conflit, il faut remonter 2 ans en arrière. Le FLPT participait alors à un gouvernement de *droite • coalition • gauche*. Toutefois, plusieurs dissensions avec le nouveau gouvernement d'Abiy Ahmed ont conduit au retrait du FLPT.

Depuis 2018, les tensions sont donc palpables.

Or, en 2020, les élections générales prévues ont été décalées du fait *de la Covid • de la guerre en Afrique • d'une crise humanitaire*.

Fin octobre, refusant ce report, Mekele déclare ne plus reconnaître l'autorité du gouvernement éthiopien. Le Tigré organise ses propres élections, remportées à plus de *50 % • 84 % • 98 %* des voix par le FLPT.

En représailles, le gouvernement fédéral a décidé que les subventions prévues ne seront pas attribuées à Mekele mais *seront conservées par Addis-Abeba • seront données aux autorités locales du Tigré*. C'est ce dernier acte qui met le feu aux poudres.

Le 3 novembre, les forces du Tigré auraient (selon *l'AFP • l'ONU • le gouvernement éthiopien*) attaqué les forces gouvernementales qui ont répliqué le lendemain.

L'Éthiopie parvient à reprendre les principales villes, dont la capitale. Le 28 novembre, elle se proclame victorieuse et, le 7 décembre, le gouvernement déclare la fin du conflit. Mais le FLPT poursuit ses actions depuis les montagnes proches. Le conflit n'est donc pas terminé. Des troupes érythréennes auraient aussi été vues aux côtes du *gouvernement éthiopien • du FLPT*, ce qui laisse présager l'internationalisation du conflit.

De plus, le Tigré reste coupé du monde et de nombreux réfugiés (*50 000 • 25 000 • 100 000*) partent vers le Soudan proche : 4 000 personnes par jour selon le HCR. Leurs témoignages concordent et évoquent massacres et exactions.

Plusieurs pays prennent des sanctions à l'encontre de l'Éthiopie : *l'Union européenne • la France • les États-Unis* suspend(ent) les aides prévues pour la construction d'infrastructures et la santé.

Le 9 décembre, après un mois de blocage, et sous pression internationale, l'Éthiopie accepte que l'ONU envoie des aides humanitaires dans la région. Toutefois, les accès restent limités et difficiles.

Durant l'été 2021, les combats reprennent : les *forces du Tigré • forces gouvernementales • Occidentaux* mènent une série d'offensives dans les régions d'Amhara (ouest du pays), d'Afar (est du pays) et aux alentours de la ville de Dessie à 400 km de la capitale éthiopienne.

Le lundi 18 octobre 2021, l'armée débute les frappes aériennes sur Mekele.

Après une courte trêve humanitaire, les combats reprennent le 24 août 2022. L'ONU n'intervient pas. En effet, *la Chine et la Russie • la France et les États-Unis • la Chine et les États-Unis* mettent leur véto car le conflit est interne. Un traité de paix est signé le 12 novembre 2022. Le conflit a fait plus de 400 000 morts.

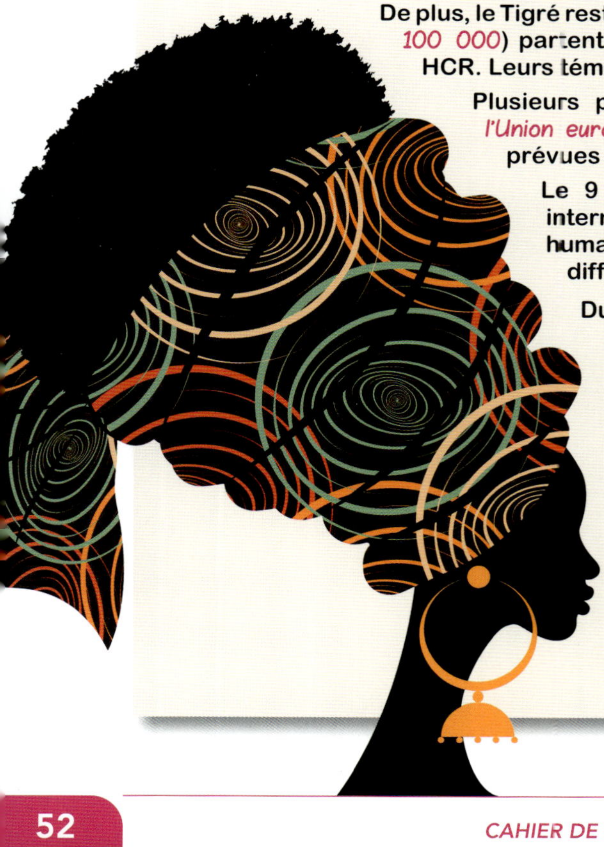

QUELQUES AUTRES TENSIONS

Reliez les belligérants au pays ou à la région du monde dans lesquels des tensions sont palpables.

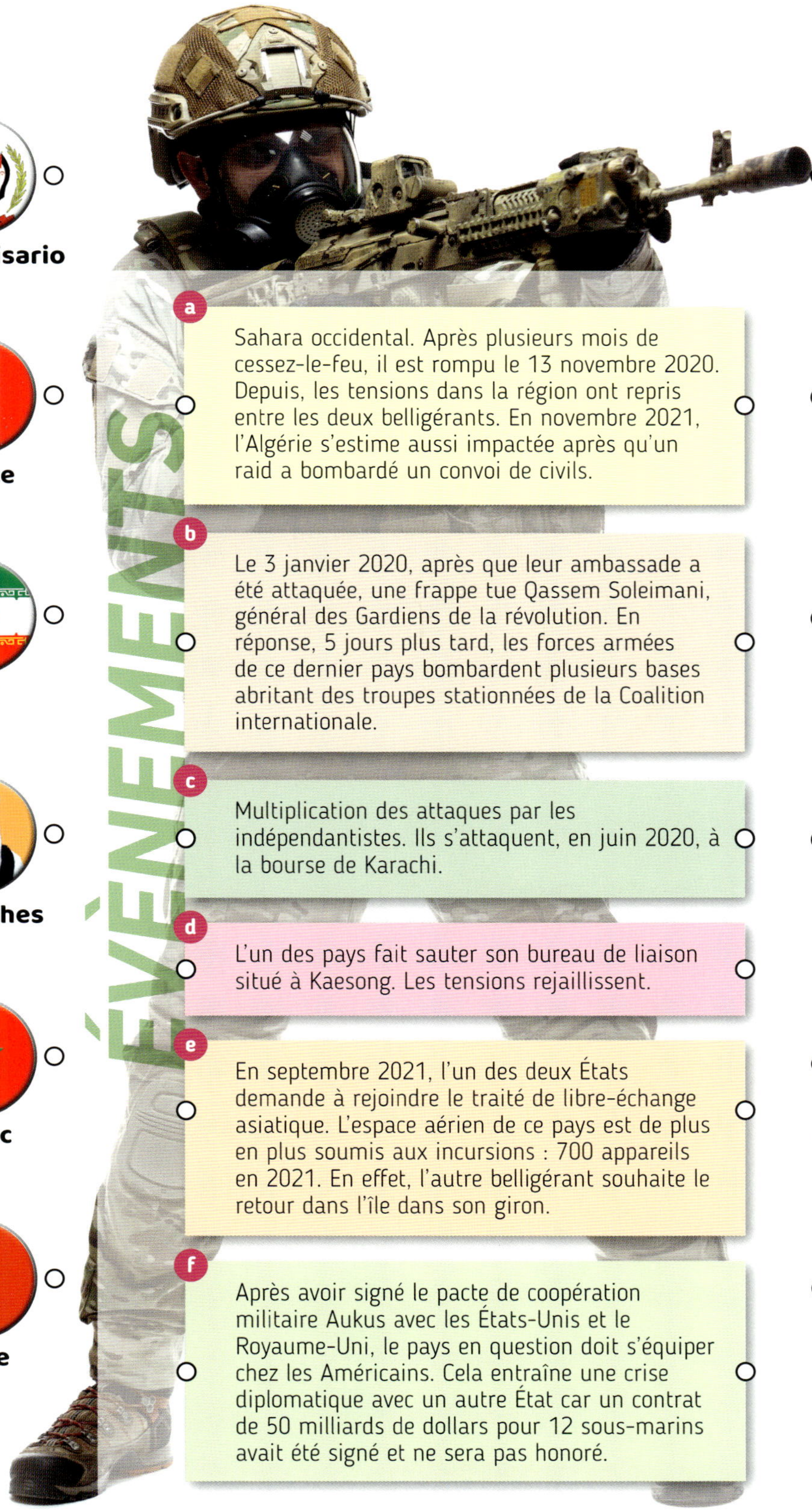

BELLIGÉRANTS

Front Polisario

France

Iran

Baloutches

Maroc

Chine

ÉVÈNEMENTS

a Sahara occidental. Après plusieurs mois de cessez-le-feu, il est rompu le 13 novembre 2020. Depuis, les tensions dans la région ont repris entre les deux belligérants. En novembre 2021, l'Algérie s'estime aussi impactée après qu'un raid a bombardé un convoi de civils.

b Le 3 janvier 2020, après que leur ambassade a été attaquée, une frappe tue Qassem Soleimani, général des Gardiens de la révolution. En réponse, 5 jours plus tard, les forces armées de ce dernier pays bombardent plusieurs bases abritant des troupes stationnées de la Coalition internationale.

c Multiplication des attaques par les indépendantistes. Ils s'attaquent, en juin 2020, à la bourse de Karachi.

d L'un des pays fait sauter son bureau de liaison situé à Kaesong. Les tensions rejaillissent.

e En septembre 2021, l'un des deux États demande à rejoindre le traité de libre-échange asiatique. L'espace aérien de ce pays est de plus en plus soumis aux incursions : 700 appareils en 2021. En effet, l'autre belligérant souhaite le retour dans l'île dans son giron.

f Après avoir signé le pacte de coopération militaire Aukus avec les États-Unis et le Royaume-Uni, le pays en question doit s'équiper chez les Américains. Cela entraîne une crise diplomatique avec un autre État car un contrat de 50 milliards de dollars pour 12 sous-marins avait été signé et ne sera pas honoré.

BELLIGÉRANTS

Corée du Sud

Pakistan

Australie

États-Unis

Corée du Nord

Taiwan

CLASSEMENT DES PUISSANCES 2022

Selon l'Indice de puissance militaire et le classement annuel du *Global Fire Power*, 15 pays tiennent la tête du classement en 2022. Cet indice prend en compte une cinquantaine d'éléments dont le nombre d'armes disponibles, le budget, les effectifs actifs…

Remettez les pays dans l'ordre du podium.

a Ukraine	b Brésil	c Chine	d Corée du Sud
e Égypte	f État-Unis	g France	h Inde
i Indonésie	j Italie	k Japon	l Pakistan
m Royaume-Uni	n Russie	o Turquie	

4	7	10	13
5	8	11	14
6	9	12	15

TRISTES ANNÉES

Attentats, feux de forêt, inondations, séisme, les catastrophes se sont succédées depuis 2020. Le début de la décennie marque aussi le décès de nombreuses personnalités.

ENVIRONNEMENT

Climat : quelques chiffres.

Remettez les chiffres ci-dessous dans les bonnes cases.

a 49,5 — b 6 — c 2030 — d 18,3 — e 11 — f 7

g 55 — h 1990 — i 27 — j 26 — k 33

Le confinement et les restrictions de circulation qui y sont liées entraînent une baisse des émissions de CO_2 de l'ordre de : ...... [1] %

Pour autant, l'année 2020 est parmi les plus chaudes de l'histoire.

Le ...... [2] février, soit durant l'été austral, un record de température est battu en Antarctique. ...... [3] degrés Celsius sont relevés.

Le ...... [4] décembre 2020, les chefs d'État et de gouvernement des ...... [5] pays membres de l'Union européenne se fixent comme objectif une baisse de ...... [6] % des gaz à effet de serre pour ...... [7].

À noter que l'année prise en référence n'est pas 2020 mais ...... [8].

Durant l'été 2021, alors que l'Europe de l'Ouest est soumise à d'importantes inondations, dans le même temps, un dôme de chaleur recouvre le Canada. Au nord de Vancouver, à Lytton, la température record de ...... [9] degrés Celsius est enregistrée.

L'été 2022 est aussi celui des excès climatiques. Le Canada, les États-Unis ou encore l'Europe sont touchés par des vagues de chaleur. MétoFrance recence ...... [10] jours de canicule dans ce pays.

La COP ...... [11] tente de trouver de nouvelles solutions comme réduire la dépendance aux énergies fossiles. À noter que les États-Unis réintègrent les accords de Paris.

BIODIVERSITÉ

À cause d'une mutation de la Covid, 15 millions de ces animaux ont été abattus.
Quels sont ces animaux ?

Remettez les lettres dans l'ordre :

O I N S V

....

Ces animaux ont été exécutés en masse suite à des dégâts causés dans une région d'Australie.
Qui sont-ils ?

CATASTROPHES NATURELLES : QUELQUES PAYS IMPACTÉS

1) Depuis 2020, plusieurs endroits du monde, pays, villes, régions, ont été soumis à des catastrophes naturelles. **Retrouvez-les dans ces mots cachés.**

S	V	K	E	T	A	T	S	U	N	I	S	H	R	T	Z	J	O	H	T
I	A	T	B	J	G	W	I	E	I	N	O	Z	A	M	A	R	P	C	D
L	K	N	U	O	E	V	L	N	D	Y	M	T	T	R	T	X	E	C	A
Q	U	O	K	F	R	O	Y	R	Z	S	V	U	O	W	M	T	M	O	Y
D	Ç	I	R	N	E	G	B	X	Z	C	R	W	C	E	Q	L	H	A	D
E	V	N	A	U	L	N	O	N	P	Q	M	A	S	L	E	Y	H	M	M
P	H	U	I	K	R	J	N	W	U	C	A	L	I	F	O	R	N	I	E
V	C	E	N	D	B	I	R	I	H	B	F	Z	C	E	N	Z	N	U	H
T	N	R	E	Z	Ç	H	E	C	W	F	S	H	N	B	E	A	K	F	P
S	M	A	R	E	N	J	H	X	O	L	A	Y	A	M	M	G	O	U	C
M	D	L	N	Z	Y	C	C	E	C	T	M	X	R	X	M	R	E	L	L
H	L	X	Ç	E	N	H	T	Ç	R	Q	O	J	F	Y	R	E	B	I	L
P	P	P	A	Q	P	P	A	N	O	Ç	S	P	N	G	P	B	H	S	K
P	Y	V	Z	S	M	A	M	R	A	P	W	L	A	P	V	V	O	E	B
L	Z	F	B	H	C	U	L	W	T	I	U	F	S	D	R	K	M	R	Q
S	G	B	C	J	Y	E	J	P	I	Z	C	T	X	E	Q	J	R	B	R
V	E	N	I	H	C	P	X	S	E	N	I	P	P	I	L	I	H	P	L
D	A	X	V	E	Y	W	P	W	Q	B	Y	D	R	T	X	T	Q	L	C
X	T	Ç	R	V	Z	O	E	I	L	A	R	T	S	U	A	H	N	A	F
S	L	G	S	H	G	T	A	W	M	X	E	H	B	B	Ç	A	D	U	G

2) Le 6 février 2023, un séisme de magnitude 7,8 secoue 2 pays voisins. Plus de 44 000 personnes décèdent. **Quels sont les pays impactés ?**

....
....

LES INCENDIES

Si, fin février, la plupart des feux qui avaient pris en juillet 2019 en Australie sont éteints, la Californie, l'Ukraine ou le Brésil sont en proie à des centaines de départ de feux en 2020 et 2021.

1) Des feux se sont également déclarés en Sibérie, **comment sont-ils surnommés ?**
Indice : ils tirent leur nom de la manière dont ils se déclarent : ils couvent sous terre puis atteignent et calcinent la surface.

....

2) Reliez les chiffres à l'élément. Attention, il y a deux intrus.

750 000 ○ | 16 ○ | 3 500 ○ | 120 000 ○ | 10 136 ○ | 930 000 ○ | 9 205 ○ | des dizaines ○ | 14 000 ○ | 340 000 ○

○ **a** Le feu a été déclenché par ..... éclairs (Californie)

○ **b** Mi-septembre ..... hectares étaient partis en fumée (Californie)

○ **c** ..... personnes ont été évacuées (Californie)

○ **d** Après des incendies dans la zone d'exclusion de Tchernobyl, le taux de radioactivité habituel augmente de ..... %

○ **e** En 10 jours ..... départs de feux ont été recensés par Greenpeace (Brésil)

○ **f** En un an, d'août 2019 à juillet 2020, ... kilomètres carrés ont brûlé (Brésil)

○ **g** ..... pompiers ont été déployés. (Californie)

○ **h** Durant l'été 2022, l'Europe est en proie à une série d'incendies. Au total, ... hectares de forêt partent en fumée

LES CATASTROPHES TECHNOLOGIQUES

Birmanie

Le 2 juillet 2020, la mine de Hpakant en Birmanie (Myanmar) s'est effondrée.

1. Quelle est la ressource qui y est exploitée ?

☐ a) L'or ☐ b) Le jade ☐ c) L'ambre

2. Quelle en est la raison ?

☐ a) Une mauvaise consolidation des fondations liée aux vibrations des engins miniers

☐ b) Une explosion liée à une poche de gaz percée lors du forage

☐ c) Des amas de déchets miniers tombés dans un lac, dont la hauteur était importante du fait de forte pluie, qui ont entraîné des coulées de boue et envahi la mine

3. La veille, le gouvernement avait établi la dangerosité du site mais les travailleurs ont poursuivi leur activité.

☐ a) Vrai ☐ b) Faux

4. Combien de personnes y sont décédées ?

☐ a) 254 ☐ b) 62 ☐ c) 174

5. Combien de personnes restent disparues ?

☐ a) Plus d'une centaine

☐ b) Aucune, tous les corps ont été retrouvés

☐ c) Impossible de savoir, beaucoup de travailleurs n'y étaient pas déclarés

Explosion Liban

Complétez le texte ci-dessous à l'aide des éléments suivants :

a) 50 % • b) 120 • c) Beyrouth • d) 6 000 • e) 800 000 • f) 25 • g) Hezbollah • h) 2 750 • i) Mozambique • j) 15 • k) nitrates d'ammonium • l) 6 reprises • m) 100 000 • n) accident de soudure • o) 204 • p) 8

Le mardi 4 août 2020, le port de ...... [1], au Liban, est touché par 2 explosions. La première fait peu de dégâts mais la seconde, beaucoup plus violente, cause de nombreuses pertes.

Après enquête, l'explosion est due à ...... [2] tonnes de ...... [3]. Ils étaient arrivés dans le port en 2014. Le navire qui les transportait devait rejoindre le ...... [4] mais avait été retenu à quai après inspection. Il avait alors été abandonné par l'armateur et le nitrate stocké dans un entrepôt à proximité. À ...... [5], les autorités portuaires avaient alerté sur la dangerosité de ce stockage et la vétusté de l'entrepôt. Quelques travaux avaient été réalisés. L'une des thèses expliquant le départ initial de l'explosion serait un ...... [6] lié à ces travaux. D'autres accusent le conflit entre le ...... [7] et Israël.

Un cratère de ...... [8] mètres de diamètre se forme dans le port. ...... [9] morts et plus de ...... [10] blessés. La moitié de la ville est impactée. Plusieurs hôpitaux sont gravement endommagés et un est complètement détruit. Les conséquences écologiques sont importantes : selon le PNUD, entre ...... [11] et ...... [12] tonnes de déchets sont produites après l'explosion. Or, la plupart vient des zones de stockage du port et sont des produits chimiques, pharmaceutiques ou des métaux lourds. Le risque de contamination des sols et des eaux est à craindre. Selon le président libanais, les dégâts sont estimés à ...... [13] milliards de dollars.

Or, le pays est dans une situation sanitaire et économique difficile du fait de la Covid mais aussi d'une crise économique qui touche le pays. Le lendemain, des manifestations éclatent dans la capitale.

Le 10 août 2020, après plusieurs démissions en son sein, le gouvernement d'Hassan Diab – formé en juillet – démissionne.

À l'automne 2021, les ONG estiment que ...... [14] de la population libanaise a basculé dans la pauvreté. Le pays est en proie à une inflation galopante et de nombreuses pénuries. Fin octobre, le litre d'essence avoisine les ...... [15] euros !

Plusieurs responsables du port et des ministres, soit ...... [16] personnes au total, ont été mis en examen, notamment pour négligence. Mais plusieurs obstructions à la justice sont dénoncées : la plupart des inculpés refusent d'être auditionnés et invoquent leur immunité parlementaire. Le 2 juillet, l'enquête est confiée à un nouveau juge : Tarek Bitar, réputé pour son impartialité. Il demande la levée de l'immunité pour plusieurs hauts responsables. L'enquête est suspendue fin décembre 2021 en raison des nombreuses obstructions. Une partie des derniers silos s'effondre le 31 juillet 2022, ce qui ravive les tensions.

ATTENTATS : SAMUEL PATY

En octobre 2020, la France est bouleversée par l'assassinat de Samuel Paty. Cet acte est catégorisé comme attentat terroriste car mené au nom de l'islam. Professeur d'histoire-géographie à Conflans-Sainte-Honorine, Samuel Paty a montré, le 4 octobre 2020, plusieurs caricatures de Mahomet lors d'un cours de 4e sur la liberté d'expression. Selon les élèves, il avait alors proposé à ceux qui pensaient être gênés de sortir de cours ou de tourner le regard. Pourtant, le contenu de son cours fait polémique et aboutit à son assassinat par un homme qui n'a aucun lien avec le collège ou la victime. L'affaire s'est vite emballée.

Remettez les événements suivants dans l'ordre chronologique.

a Le professeur porte plainte pour diffamation.

b Plusieurs personnes, dont le père de l'élève et les adolescents qui ont montré Samuel Paty, sont placés en garde à vue.

c Emmanuel Macron se rend au collège où enseignait Samuel Paty. Il déclare : « *Un de nos concitoyens a été assassiné parce qu'il enseignait, apprenait à ses élèves la liberté d'expression, de croire ou ne pas croire. Notre compatriote a été la victime d'un attentat terroriste islamiste caractérisé.* »

d Le père d'élève porte plainte contre Samuel Paty pour « diffusion d'images à caractère pornographique ».

e Hommage national rendu à la Sorbonne.

f Des rassemblements et manifestations ont lieu dans toute la France en mémoire de Samuel Paty.

g Le père d'une élève, qui n'était pas présente lors du cours, diffuse un message sur Facebook où il critique l'enseignant. Il est reçu par la principale du collège.

h L'agresseur est tué par la police dans une commune proche de Conflans-Sainte-Honorine.

i Minute de silence dans les établissements scolaires.

j Dissolution du collectif Cheikh Yassine dirigé en partie par Sefrioui.

k Une vidéo est postée sur les réseaux sociaux par Abdelhakim Sefrioui, proche du père de l'élève. Il y appelle à la vengeance envers le professeur.

l Abdelhakim Sefrioui et plusieurs autres proches du terroriste sont placés en garde à vue.

m Samuel Paty est décapité sur le chemin du retour alors qu'il sortait du collège où il enseignait.

n Fermeture de la mosquée de Pantin : l'iman avait relayé la vidéo.

o Le fils de 4 ans de Samuel Paty devient « pupille de la Nation ».

p L'inspection académique se rend au collège avec le référent laïcité.

q 4 élèves acceptent de désigner Samuel Paty à la sortie du collège en échange de quelques centaines d'euros.

Ordre

LES DÉCÈS

Le 8 septembre 2022, la **Reine Elisabeth II** décède.

Répondez par vrai ou faux.

1. Elle était uniquement reine d'Angleterre. ☐ Vrai ☐ Faux

2. Elle monte sur le trône en 1952 à 25 ans. ☐ Vrai ☐ Faux

3. Durant la Seconde Guerre mondiale, elle se réfugie dans son château de Balmoral. ☐ Vrai ☐ Faux

4. Son couronnement est le premier événement mondial diffusé en mondiovisions. ☐ Vrai ☐ Faux

5. Elle n'a jamais eu de réels pouvoirs politiques. ☐ Vrai ☐ Faux

6. Elle paie des impôts. ☐ Vrai ☐ Faux

7. Aucun attentat n'a été fait à son encontre. ☐ Vrai ☐ Faux

8. Aucun monarque n'a jamais eu de règne plus long que le sien. ☐ Vrai ☐ Faux

Politique : Valéry Giscard d'Estaing

Complétez le texte ci-dessous.

Valéry Giscard d'Estaing est le 3e président de la Ve République française.

Né en ......[a], il obtient la croix de guerre après avoir combattu aux côtés du général de Lattre de Tassigny lors de la ......[b]. En 1949, il intègre une nouvelle école nationale : ...... [c]. Puis il devient inspecteur des finances. En 1956, il est élu député du ......[d]. En 1962, après avoir été secrétaire d'État aux finances, il devient ministre des Finances du gouvernement dirigé par ......[e]. Il occupe de nouveau ce poste sous 2 gouvernements (Messmer et Chaban-Delmas).

Il est élu président de la République en ......[f]. Durant son mandat, deux grandes mesures sont prises : la loi sur l'IVG dite loi ......[g] en 1975 et l'abaissement de la ......[h] en 1974. Il se rapproche aussi de son homologue allemand ......[i] et œuvre pour la construction européenne.

Pourtant, en 1979, un scandale est révélé par le journal ......[j]. Il s'agit de ......[k] qui lui ont été offerts par ......[l].

Il se présente à sa réélection en 1981 mais est battu par ......[m].

Redevenu député de sa région, il se tourne vers l'Europe. Il est élu député européen en 1988 puis préside la Convention sur l'avenir de l'Europe au début des années ......[n].

Le 11 décembre 2003, sorti de la vie politique, il est élu à ......[o].

Il meurt des suites de la Covid le 2 décembre 2020.

a) ....

b) ....

c) ....

d) ....

e) ....

f) ....

g) ....

h) ....

i) ....

j) ....

k) ....

l) ....

m) ....

n) ....

o) ....

Autres décès en politique

Cochez la bonne réponse.

1) Le 28 juillet 2020, Gisèle Halimi décède. Elle est connue pour s'être battue pour :

- ☐ a) les sans-papiers
- ☐ b) le droit à l'avortement
- ☐ c) la cause animale

2) L'ancien président Frederik de Klerk décède en 2021. Le prix Nobel de la paix, Desmond Tutu nous quitte aussi en 2021. Les deux hommes ont contribué à :

- ☐ a) combattre le virus du SIDA
- ☐ b) mettre fin à l'apartheid
- ☐ c) la création de l'OMC

3) Philip Mountbatten décède le 9 avril 2021. Il était :

- ☐ a) roi de Belgique
- ☐ b) joueur de baseball
- ☐ c) marié à la reine Élisabeth

4) L'américain Colin Powel décède en 2021, il a été secrétaire d'État sous George Bush mais est aussi connu pour avoir été :

- ☐ a) le 1er Afro-Américain à devenir chef d'état-major des armées
- ☐ b) vice-président des États-Unis
- ☐ c) être parti dans l'espace

5) Homme d'affaires, ancien patron de l'Olympique de Marseille ou d'Adidas – qui lui vaudra des démêlés judiciaires –, il décède d'un long cancer le 3 octobre 2021. Il a aussi été député, député européen puis ministre de la Ville. Il s'agit de :

- ☐ a) Bernard Tapie
- ☐ b) Olivier Dassault
- ☐ c) Martin Bouygues

6) Aruka décède de la COVID le 17 février 2021. Il était le dernier homme de la tribu brésilienne :

- ☐ a) Jumas
- ☐ b) Arunas
- ☐ c) Guarani

7) En 2022, cet ancien dirigeant de l'URSS, acteur clé de la fin de la Guerre froide, connu pour sa politique de transparence et de démocratisation, décède. Qui est-il ?

- ☐ a) Boris Eltsine
- ☐ b) Staline
- ☐ c) Mikhaïl Gorbatchev

8) Le 8 août 2022, Shinzo Abe est assassiné lors d'un meeting électoral. Qui est-il ?

- ☐ a) Le président des Philippines
- ☐ b) Un ancien Premier ministre japonais
- ☐ c) Le mari de la présidente taïwanaise

Sport
Star du basket-ball américain, champion des Lakers, il décède suite à un accident d'hélicoptère, le 24 janvier 2020, au-dessus de la Californie. Quel est son nom ?
Remettez les lettres dans l'ordre.

K E O B

Diego Maradona, star du football, décède le 25 novembre 2020.

a *Quel était son pays d'origine ?*

b *Quel était son numéro de maillot ?*

c *En quelle année avait-il permis à son pays de remporter la Coupe du monde ?*

d *Dans quel club italien s'est-il illustré ?*

e *Combien de sélections compte-t-il en équipe nationale ?*

f *En 1995, quel célèbre prix du football remporte-t-il pour l'ensemble de sa carrière ?*

g *Quel but, marqué lors d'une Coupe du monde, est considéré comme « le but du siècle » par les amateurs de football ?*

Autre Dieu du football, ce Brésilien surnommé « le Roi » est le seul joueur à avoir remporté 3 fois la Coupe du monde de football (1958-1962-1970). Il a obtenu un « Ballon d'or d'honneur » et a marqué plus de 1 000 buts au cours de sa carrière. Qui est-il ?

Culture

Reliez les photographies au nom de la personne puis à sa fonction.

a 

b 

c 

d 

e 

f 

g 

h 

i 

j 

k 

- Kenzo Takada
- Claude Brasseur
- Jean-Paul Belmondo
- Anne Sylvestre
- Sean Connery
- Robert Hossein
- Pierre Cardin
- Michel Piccoli
- Chuck Yeager
- Sydney Poitier
- Michael Collins

1. Acteur écossais, il est le premier James Bond et joue dans de nombreux films dont *Le nom de la Rose* ou *Indiana Jones*. Il a été anobli par la Reine en 2000.
2. Symbole d'une génération, il est connu pour ses rôles dans de nombreux films tels que *L'As des as*, *L'Homme de Rio* ou *Itinéraire d'un enfant gâté*. L'ensemble de sa carrière est salué par la Palme d'honneur du festival de Cannes en 2009 puis un hommage lors de la cérémonie des Césars en 2017. Il décède en septembre 2021.
3. Acteur français, il a joué avec Romy Schneider ou Brigitte Bardot et tourné avec les grands cinéastes comme Louis Malle, Jean Renoir, Hitchcock, Costa-Gavras…
4. Fondateur de la marque Kenzo, il décède de la Covid le 4 octobre.
5. Acteur français, oscarisé par deux fois, il a notamment joué dans *La Boum* avec Sophie Marceau.
6. Premier comédien noir oscarisé, il décède le 7 janvier 2022.
7. Acteur français, décédé le 31 décembre 2020, il a joué dans la série de film *Angélique*.
8. Aviateur américain, il est le 1er à franchir le mur du son.
9. Chanteuse française, connue pour ses « fabulettes ».
10. Couturier et homme d'affaires français, il décède le 29 décembre 2020.
11. Il est le premier homme à avoir effectué une sortie extravéhiculaire dans l'espace mais aussi le pilote de la mission Apollo qui a permis à Neil Armstrong et Buzz Aldrin de poser un pied sur la Lune. Il décède en 2021.

Les dessinateurs

En 2020, deux grands noms de la bande dessinée nous ont quittés.
Reliez les points pour savoir quel est le personnage créé par le premier.

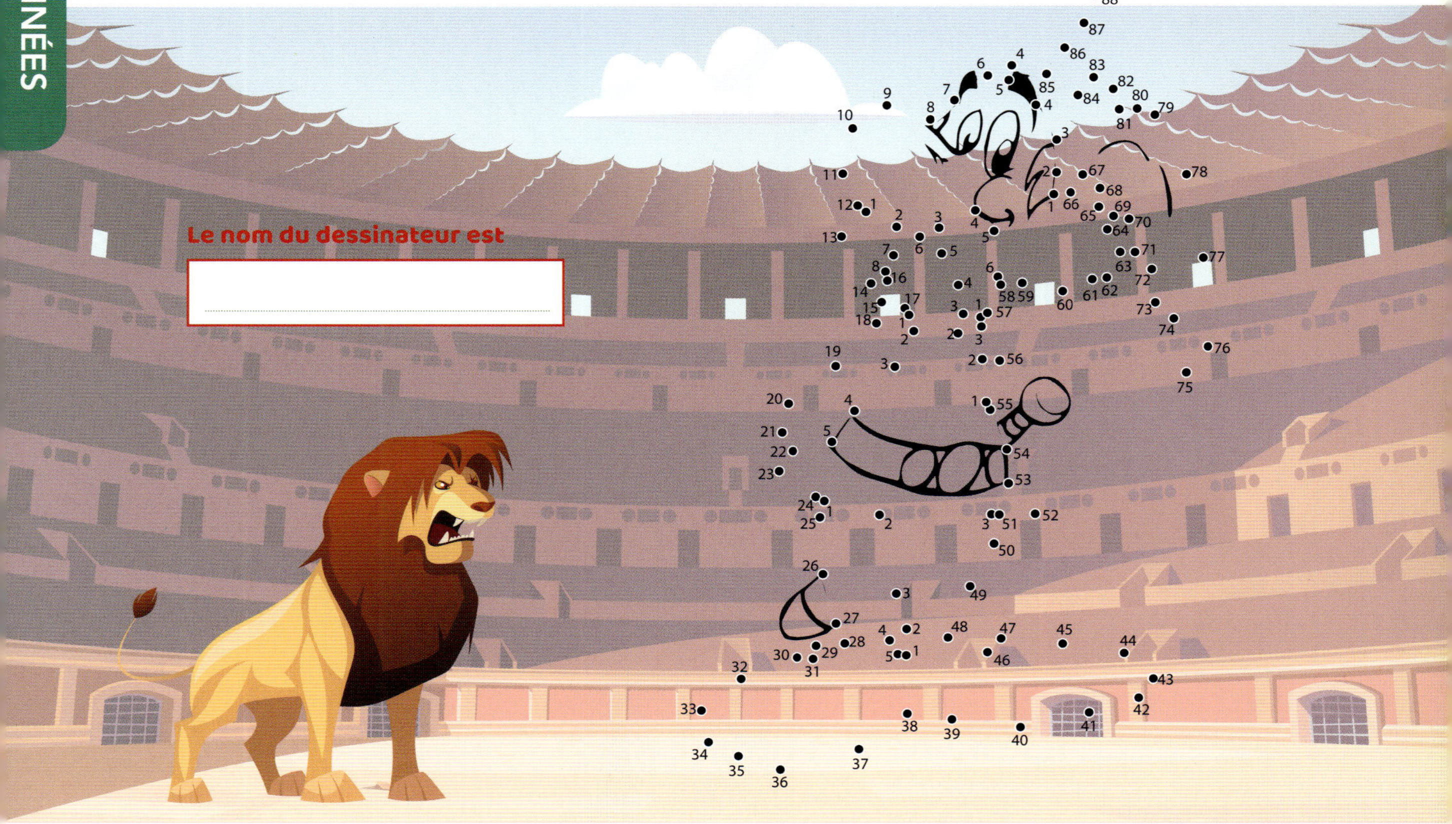

Le nom du dessinateur est

....

Le second, peut-être moins connu en France, **a créé le personnage de Mafalda.**

Il s'agit de

....

Jean-Jacques Sempé décède le 11 août 2022.
De quelle bande dessinée est-il le « père » ?

Il s'agit de

....

SCIENCES, SPORT ET CULTURE

Evènements sportifs, culturels, découvertes… retour sur quelques faits marquants du début de la décennie.

LES CÉRÉMONIES

Le cinéma, le théâtre, la littérature ou encore la musique ont dû réadapter leurs cérémonies à la pandémie mais ne les ont pas oubliées pour autant. **Qui sont les lauréats ?**

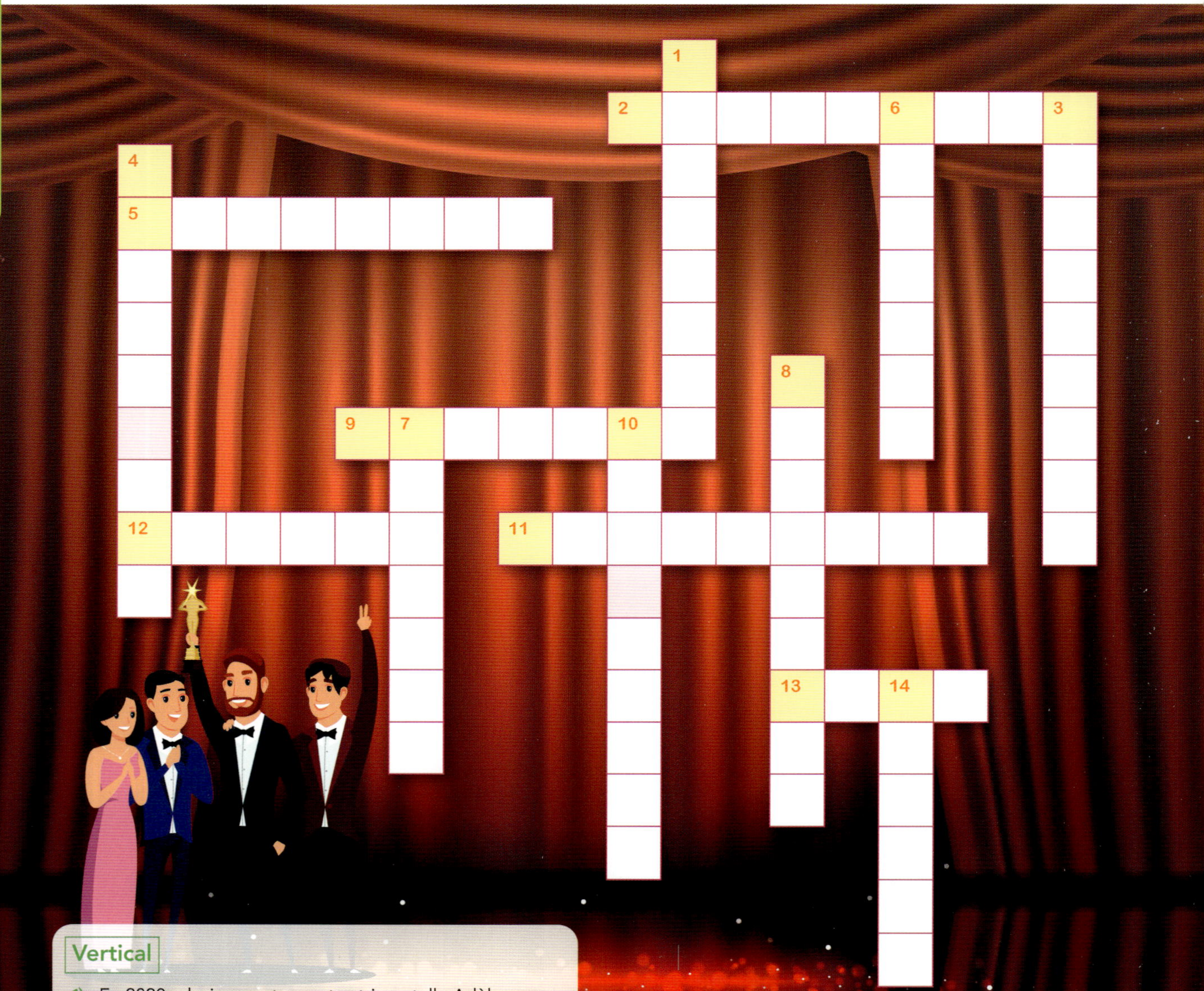

Vertical

1) En 2020, plusieurs acteurs et actrices, telle Adèle Haenel, quittent la salle après l'attribution du César de la meilleure réalisation. À qui est-il décerné ?
3) En 2021, elle devient la 2e femme de l'histoire à décrocher la Palme d'or.
4) Le Festival de Cannes a été reporté en 2020, qui devait le présider ?
6) Qui est élue artiste féminine lors des Victoires de la musique 2022 ?
7) Qui est élu artiste masculin lors des Victoires de la musique 2022 ?
8) Hervé Le Tellier remporte le prix Goncourt 2020, quel est le nom de son ouvrage ?
10) Quelle série remporte l'Emmy Awards de la meilleure serie dramatique, meilleurs actrice et acteur 2021 ?
14) Quel film remporte la Palme d'or en 2021 ?

Horizontal

2) Chloé Zhao remporte le Lion d'or de la Mostra de Venise : quel est le nom de son film ?
5) Oscar du meilleur film, du meilleur film international et meilleur réalisateur en 2020.
9) Quelle comique présente les Césars 2020 ?
11) Quelle série remporte l'Emmy Awards de la meilleure mini-série 2020 ?
12) La Palme d'or en 2021 du court métrage a été remise au film *I'm afraid to forgot your face* de Sameh Alaa : quel est son pays d'origine ?
13) Quel comique remporte le Molière 2020 de l'humour ?

ARTS ET ARTISTES

En 2020, 3 œuvres ont été soit volées, soit retrouvées.

a

La Jeune Fille triste, volée en France en 2019 est retrouvée en Italie.
Qui en est son auteur ?

Le Jardin du presbytère de Nuenen au printemps est volé aux Pays-Bas.
Qui est son peintre ?

b

Montre molle et d'autres œuvres ont été volées au musée de Stockholm.
Qui est en l'auteur ?

c

JOSÉPHINE BAKER AU PANTHÉON

Le 30 novembre 2021, Joséphine Baker entre au Panthéon.

1) Elle est née en :

- ☐ a) 1910
- ☐ b) 1906
- ☐ c) 1902

2) Elle est d'origine :

- ☐ a) États-Unienne
- ☐ b) Sénégalaise
- ☐ c) Française

3) Quel est son surnom ?

- ☐ a) L'oiseau
- ☐ b) La Vénus d'ébène
- ☐ c) La belle africaine

4) Elle se fait connaitre en France en 1925 grâce à :

- ☐ a) Sa beauté
- ☐ b) Son spectacle dans la Revue négre au théâtre des Champs-Élysées
- ☐ c) Son évasion des États-Unis

5) Durant la guerre, elle joue un rôle important dans la résistance en :

- ☐ a) Aidant activement Jean Moulin
- ☐ b) Partant à Londres avec De Gaulle
- ☐ c) Faisant passer des messages lors de ses spectacles

6) Elle est ensuite engagée dans :

- ☐ a) La lutte pour les droits civiques et le racisme
- ☐ b) La lutte pour l'IVG
- ☐ c) La lutte contre la colonisation

7) La date de son entrée au Panthéon correspond à :

- ☐ a) Son anniversaire
- ☐ b) Son décès
- ☐ c) Sa naturalisation

ESPACE, AVANCÉES SCIENTIFIQUES ET DÉCOUVERTES

Espace

Même si le premier touriste spatial décolle en 2001, 2021 ouvre la conquête de ce marché. En juillet et septembre 2021, 3 sociétés envoient des civils dans l'espace. Le prix est très élevé, Virgin Galactic annonce 450 000 euros le siège. **Reliez chaque société au nom de la personne envoyée et à la durée passée dans l'espace.**

4 voyageurs dont 3 inconnus et le milliardaire...

Richard Branson

Jeff Bezos

Jared Isaacman

○ BLUE ORIGIN ○

○ SPACEX ○

○ Virgin GALACTIC ○

a ○ Presque 2 minutes dans l'espace

b ○ 4 jours

c ○ 90 secondes

Exploration

Retrouvez la bonne réponse.

1. En avril 2020, les scientifiques découvrent une exoplanète, son nom est :
- ☐ a) Uranus-2.1
- ☐ b) Kepler-1649c
- ☐ c) Alkama-432v

2. En juillet, la première sonde de l'année vers Mars est envoyée. Baptisée Al-Amal (« espoir »), elle a pour objectif de se mettre en orbite autour de Mars (prévu en février 2021) et d'y récolter des données cartographiques et atmosphériques. Il s'agit de la 1re mission spatiale d'un pays arabe. Quel pays en est à l'origine ?
- ☐ a) L'Arabie saoudite
- ☐ b) La Turquie
- ☐ c) Les Émirats arabes unis

3. Le 30 juillet, la NASA lance la sonde Persévérance dont l'arrivée est aussi prévue en février 2021. L'objectif est de se poser sur la surface de Mars et de recueillir des échantillons. Mais, dans le cadre de cette mission Mars 2020, Persévérance est associée à un hélicoptère : Ingénuité. Quel est son rôle ?
- ☐ a) Il devrait s'envoler et deviendrait alors le 1er engin à s'envoler en dehors de la Terre.
- ☐ b) Il reviendrait directement sur Terre *via* un système de propulsion.
- ☐ c) Il peut recharger indéfiniment Persévérance.

4. En mai 2020, SpaceX envoi Crew Dragon dans l'espace. Quelle est sa particularité ?
- ☐ a) C'est le 1er vol habité réalisé pour la NASA
- ☐ b) C'est un vol touristique
- ☐ c) C'est un satellite dernière génération

5. Dans un autre domaine, en 2020, un sous-marin chinois se pose sur la fosse océanique la plus profonde. Combien mesure-t-elle ?
- ☐ a) 9 728 mètres
- ☐ b) 10 909 mètres
- ☐ c) 21 765 mètres

6. Le 15 novembre 2021, ce pays lance un missile sur un de ses satellites, provoquant la panique dans la station spatiale internationale.
- ☐ Chine
- ☐ États-Unis
- ☐ Russie

7. En 2021, il détient le record européen de la plus longue durée passée dans le vide spatial : 39 h 54.
- ☐ David Charvet
- ☐ Jean-Loup Chrétien
- ☐ Thomas Pesquet

8. Le 24 décembre, le télescope James-Webb lancé depuis Kourou au sommet d'Ariane 5. La NASA publie ses premières images en juillet 2022. Il :
- ☐ A couté plus de 10 milliards de dollars et son développement a duré 30 ans
- ☐ Est le 1er télescope jamais lancé
- ☐ Mesure 1 000 mètre de long

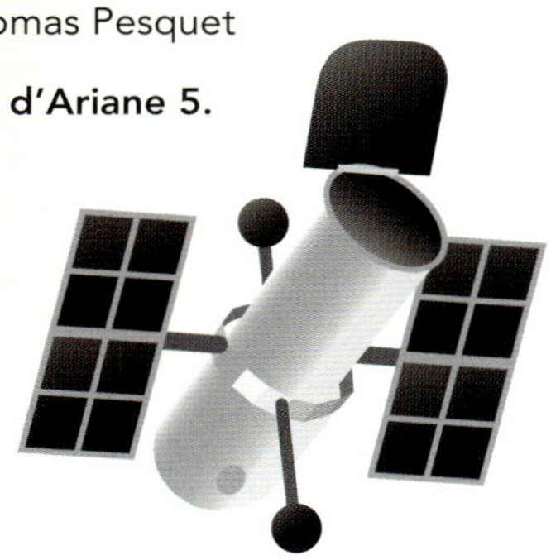

9. En septembre 2022, la NASA mène un exercice particulier. Il consiste à :
- ☐ Envoyer une arche de Noé dans l'espace
- ☐ Rediriger un astéroïde en cas de menace sur terre
- ☐ Prendre d'assaut la station chinoise

Préhistoire

1. En 2020, plusieurs découvertes archéologiques ont été réalisées. Elles remettent en question les datations et les connaissances précédentes. Quelle devient la taille du plus petit dinosaure du Mésozoïque connu ?

2. Une dent humaine retrouvée en Bulgarie remet en cause la date d'arrivée des Homo sapiens en Europe. Elle était auparavant estimée à 40 000 ans. De combien d'années est-elle reculée ?

3. Au Mexique, le plus grand site paléontologique d'Amérique centrale est découvert. Combien de fossiles de mammouths y sont trouvés ?

4. Toujours au Mexique, des outils en pierre, retrouvés dans une grotte, ont été datés au carbone 14. Ces outils laissent penser que les premiers habitants seraient arrivés dans la région bien plus tôt que la date généralement admise. De quand daterait alors le peuplement de cette région ?

5. Un embryon de dinosaure a été découvert en 2021, de combien de millions d'années date-t-il ?

6. En juin 2022, un bébé femelle, vieux de 30 000 ans, a été retrouvé congelé dans le pergélisol du Yukon. Il est le plus vieux et le mieux conservé jamais retrouvé sur le subcontinent. De quel animal s'agit-il ?

Histoire

En Égypte, 59 .... **[1]** ont été découverts dans la nécropole de .... **[2]**, ils dateraient des VIe et VIIe siècles avant J.-C.

Retrouvez les deux mots manquants, écrit en hiéroglyphes, en vous aidant de l'alphabet ci-contre.

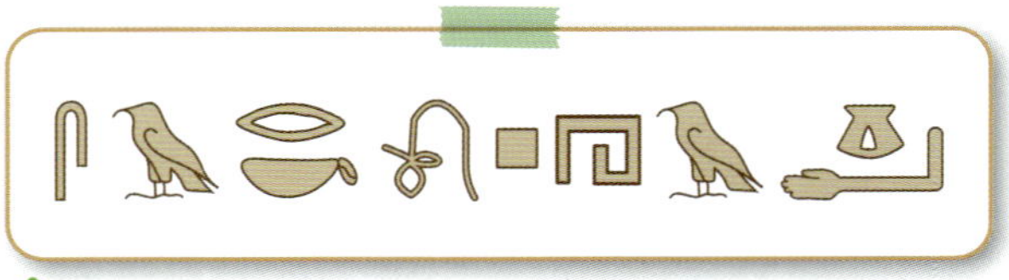

1 ....

2 ....

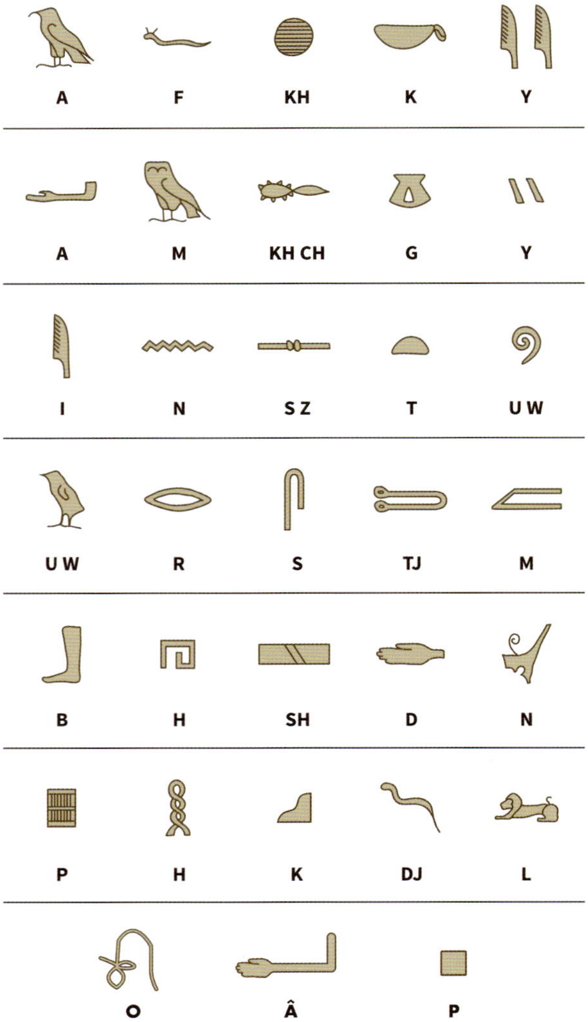

En décembre 2020, le site de Pompéi révélait un bâtiment retrouvé intact, quel est-il ?

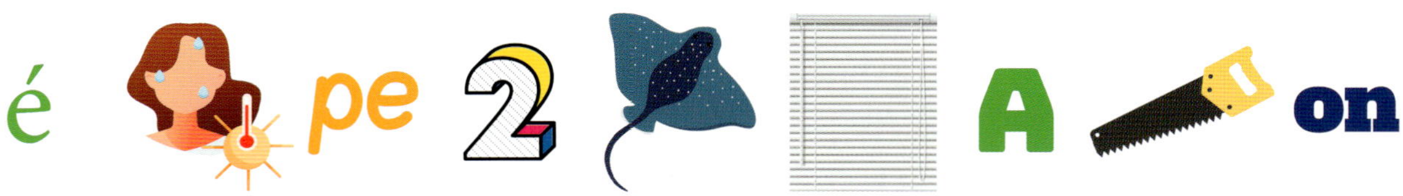

3 ....

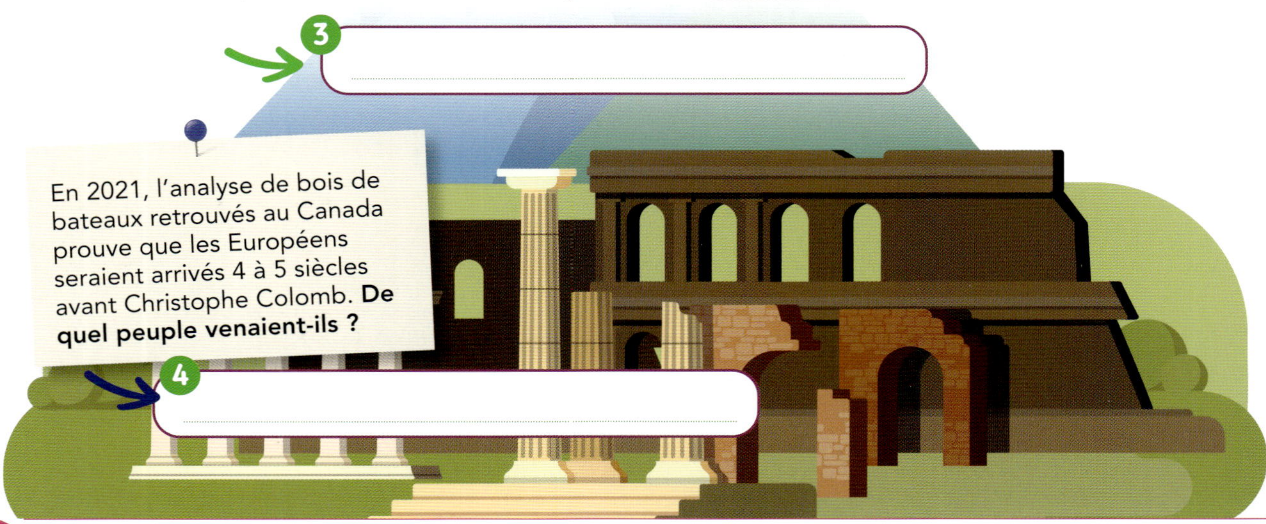

En 2021, l'analyse de bois de bateaux retrouvés au Canada prouve que les Européens seraient arrivés 4 à 5 siècles avant Christophe Colomb. **De quel peuple venaient-ils ?**

4 ....

PRIX NOBEL

Reliez chaque nom au prix Nobel reçu en 2022.

1

Médecine
pour le séquençage du génome de l'homme de Néandertal, sa découverte sur le transfert de gène à l'Homo Sapiens et la fondation de la paléogénomique.

2

Physique
pour leur découverte sur la physique quantique, leurs expériences « révolutionnaires » et principalement « l'intrication quantique ».

3

Chimie
pour avoir ouvert la chimie à la modernité via la « chimie click » et la chimie bioorthogonale.

a. Annie Ernaux (France)

b. Le centre ukrainien pour les libertés civiles, l'ONG russe Mémorial et le Biélorusse Ales Bialiaski (ancien dirigeant du Centre des droits de l'Homme de Viasna emprisonné au moment de l'annonce).

c. Morten Meldal (Danemark), Carolyn Bertozzi (États-Unis) et Barry Sharpless (États-Unis, il a déjà remporté le prix en 2001).

d. Les Américains Ben Bernanke (ancien président de la banque centrale américaine), Douglas Diamond et Philip Dybvig.

e. Svante Pääbo (Suède)

f. Alain Aspect (France), John Clauser (États-Unis) et Anton Zeilinger (Autriche)

4

Paix
pour leur « combat courageux pour leurs actions dans la défense « des droits humains, de la démocratie et de la coexistence pacifique dans les trois pays voisins Biélorussie, Russie et Ukraine. »

5

Littérature
La française est récompensée pour ses écrits autobiographiques évoquant l'intimité des femmes depuis 1945.

6
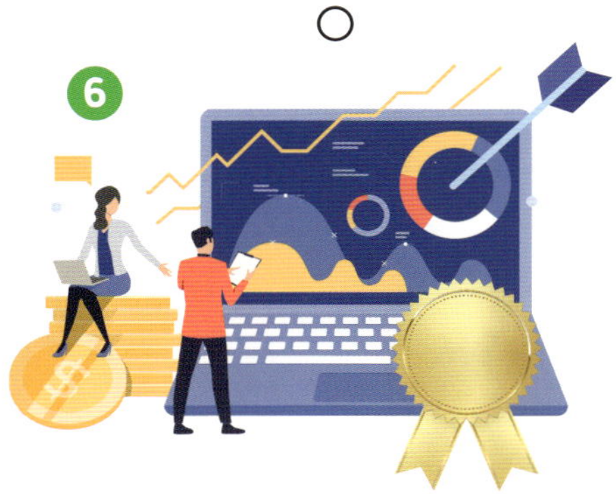

Économie
pour avoir « significativement amélioré notre compréhension du rôle des banques dans notre économie, particulièrement durant les crises financières, ainsi que la façon de réguler les marchés financiers ».

Le prix Sakharov, qui n'est pas un Nobel, est remis par le Parlement européen. En 2021, il a été remporté pour « son courage » et « son combat » contre la corruption du régime post-soviétique.

Qui l'a remporté ? ____________________

Les citations proviennent du site https://www.nobelprize.org/

LES PREMIERS

Premier à accomplir un exploit, premier en sport…
Retrouvez les premiers des années 2020 et 2022.

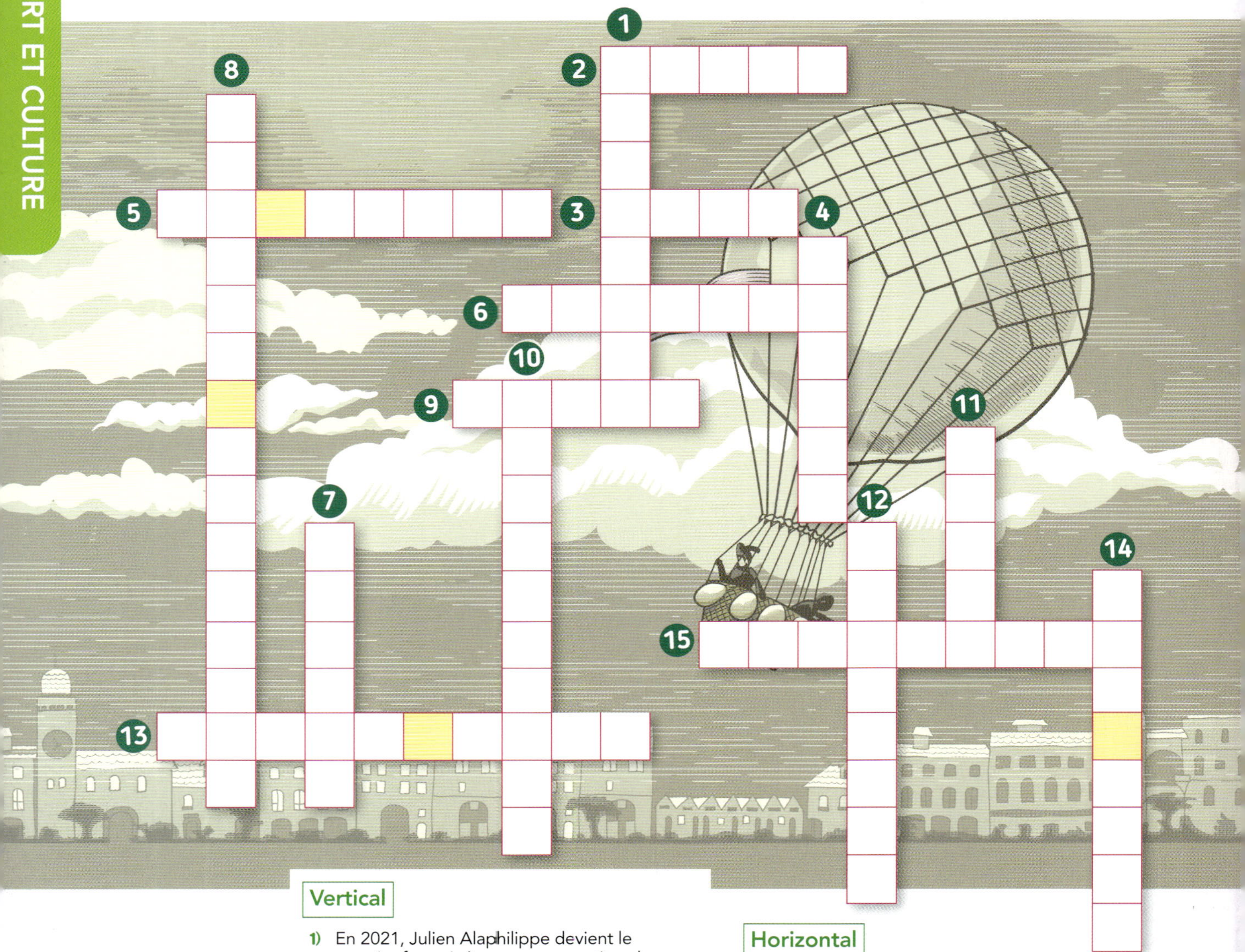

Vertical

1) En 2021, Julien Alaphilippe devient le premier français à conserver son titre de champion du monde dans quelle discipline ?
4) L'Euro 2020 se tient finalement en 2021, quel pays arrive premier ?
5) Nom de l'athlète français qui a remporté la première médaille dans ce sport.
8) Ce pays organise, en 2021, son 1er festival du cinéma.
10) 2021 est historique pour cette judoka : elle remporte la médaille d'or en solo et en équipe au JO de Tokyo puis gagne son 5e titre de championne du monde. Qui est cette jeune femme ?
11) Cette équipe prend la première place de la ligue 1 en foot français.
12) Première femme à arbitrer lors d'un mondial de foot.
14) Keechant Sewell prendra ses fonctions en janvier 2022, elle sera la première femme à diriger la police de …

Horizontal

2) Le meneur des Golden State Warriors (Basket) devient le meilleur shooter de tous les temps : 2 974 shoots à longue distance.
3) En 2021, la première double greffe des avant-bras et des mains se déroule au CHU de…
6) Premier français à prendre le commandement de la station spatiale internationale.
7) Pour la première fois, ce sport est représenté aux JO en 2021.
9) Première artiste et femme noire au Panthéon.
13) Ce pays est le premier aux JO de 2021 en nombre de médailles.
15) En septembre 2021, le premier mariage légal y est organisé : 2 Américains se marient légalement dans la vraie vie et dans le…

LES BONNES NOUVELLES

Parce que 2020-2022, ce ne sont pas pas que la Covid, le confinement, les attentats, les guerres…
Voici la partie qui donne des ondes positives !

MALADIE

1. Après 4 ans sans le moindre cas, cette maladie a été déclarée éradiquée en Afrique.
Remettez les lettres dans l'ordre pour la trouver.

2. Après des essais débutés en 2020, le vaccin est autorisé en 2021. Il est contre :

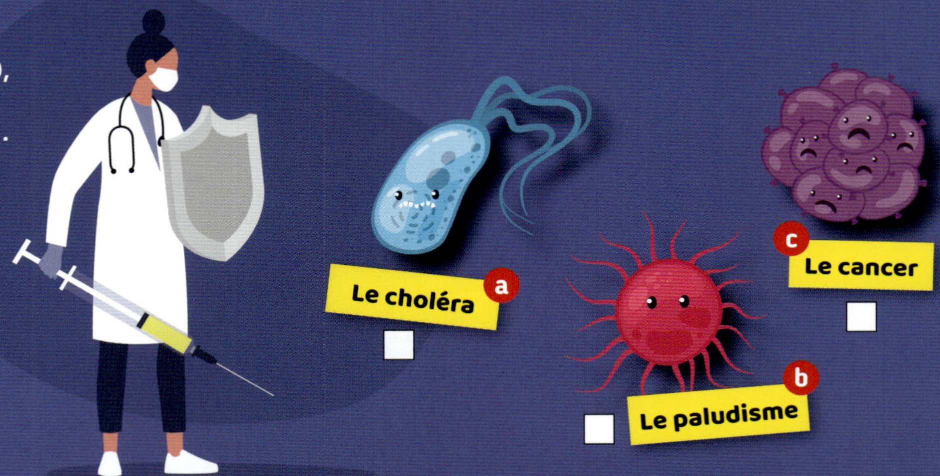

3. En mars 2020, le second patient atteint par un virus apparu dans les années 1980 est déclaré guéri à Londres. Un premier vaccin est aussi testé sur l'homme en 2022. **De quel virus s'agit-il ?**
Barrez les lettres présentes 3 fois.

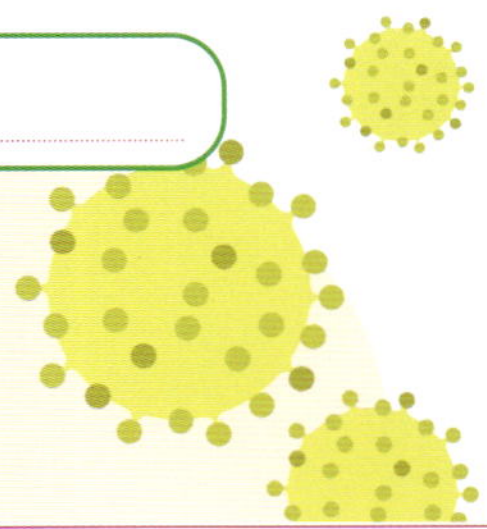

PROTECTION DES ESPÈCES ET DE L'ENVIRONNEMENT

En 2020, plusieurs élevages ont été tués afin de ne pas véhiculer des maladies. C'est le cas des visons. Pourtant, plusieurs espèces ont connu un répit.

Animaux

1 En 2020, plusieurs espèces ont été déclarées non comestibles en Chine : parmi elles, des animaux domestiques. **Lesquels ? Rayez les doubles.**

2 Après 3 000 ans sans être présent en Australie, cet animal a été réintroduit en 2020. **Résolvez l'énigme pour savoir qui il est.**

Mon 1er est le mot « jour » en espagnol

Mon 2e est une céréale

Mon 3e sert à boire le thé

Mon 4e est un pronom possessif

Mon 5e est un verbe de négation conjugué

Mon TOUT est un petit animal

....

3 En 2022, cet animal au pelage particulier est réapparu en Turquie alors que l'espèce avait été déclarée éteinte. **Qui est-il ?**

....

PROTECTION DES ESPÈCES ET DE L'ENVIRONNEMENT (SUITE)

Nature

1 Ce pays d'Afrique a interdit l'exploitation minière dans ses parcs nationaux et se réserve le droit de retirer les permis déjà distribués. **Qui est-il ?**

Il était une partie de la Rhodésie.

Il a été colonie britannique.

Il a 16 langues officielles.

Il est situé en Afrique australe.

Son nom commence par la dernière lettre de l'alphabet.

Il s'agit de ....

2 Suite au COVID, ce pays a pris conscience de l'effet positif du confinement sur la nature : 11 nids de tortues ont été trouvés, un record. Il a donc pris la décision de laisser la plupart de ses parcs nationaux au repos 2 à 4 mois dans l'année afin de lutter contre les impacts du tourisme de masse.
Qui est-il ?

Son ancien nom est le Siam.

Son roi s'est confiné en Allemagne avec ses maîtresses. Il est situé en Asie.

Il a plus de 150 parcs nationaux.

Il est en Asie.

Il s'agit de ....

DIVERSES BONNES NOUVELLES

1 Après plusieurs vagues de libération, plus aucun français n'est détenu en otage depuis octobre 2020. Quel est le nom de la dernière à être libérée ? **Remettez les lettres dans l'ordre.**

2 Après plusieurs années de cavale, l'homme le plus recherché au monde, Félicien Kabuga, est arrêté à Asnières-sur-Seine. Pour quelle raison est-il recherché ?

- **a** Sa participation dans le génocide Tutsi et son financement des milices Hutu. ☐
- **b** Son rôle dans les attentats du 11 septembre. ☐

3 Plusieurs grandes firmes, dont la britannique Morrisons, annoncent retirer de leur catalogue de vente un produit. Il générerait 50 millions de tonnes de plastique par an. Lequel ?

4 Pour la première fois, un match de football est interrompu par les joueurs. Les deux équipes quittent le terrain suite à un propos, jugé raciste, prononcé par le 4ᵉ arbitre. Ils entendent ainsi dénoncer le racisme, très présent, dans le monde du sport. De quel match s'agit-il ?

- **a** PSG-OM ☐
- **b** PSG-Basaksehir ☐
- **c** PSG-Juventus ☐

ET POUR CONTINUER LA SÉRIE, LES NOUVELLES INSOLITES !

1 Célébrité ?

En 2022, des chercheurs du CNRS, entrainent des insectes à détecter les cancers, reliez les points pour découvrir lesquels.

2

En 2020, une compagnie monte des vols vers une destination étonnante... *Décodez !*

-. ..- .-.. .-.. .   .--. .- .-. -

→ ....

3

La Deutsche Bank exige une contrepartie étonnante pour un prêt de 27,5 millions d'euros à la société italienne Ambrosi. *Quelle est-elle ?*

→ ....

4

Combien d'heures au maximum faut-il attendre pour un plein à Caracas fin 2020 ?

→ ....

5

En 2021, plusieurs chameaux sont exclus d'un concours de beauté en Arabie saoudite. *Pour quelle raison ?*

CORRIGÉS

Quizz

1) Faux • 2) Faux • 3) Faux • 4) Faux • 5) Vrai • 6) Vrai • 7) Faux • 8) Vrai • 9) Faux • 10) Vrai • 11) Vrai • 12) Vrai • 13) Faux • 14) Vrai • 15) Faux

Introduction

Dans l'ordre : a • i • b • e • j • g • f • d • h • c

COVID 19

Tout le monde en parle mais... qu'est-ce que la Covid-19 ?

1) b • **2)** a • **3) a,** couronne se dit « corona » en latin d'où le « Co », « VI » comme Virus et D comme *Disease* (maladie) • **4)** c • **5)** c • **6) b,** Non, 3 le sont • **7)** c • **8) a,** Vrai, c'est une des formes de Covid tout comme le MERS au Moyen-Orient. La Covid-19 est, par ailleurs, parfois nommé SRAS-Covid19 • **9)** c • **10) a,** LA Covid, l'Académie française a tranché : en cas d'acronyme, ici *Corona Virus Disease* (soit en français : maladie provoquée par le Corona Virus), il faut prendre le noyau afin de déterminer le féminin ou le masculin. Ici, le noyau est « maladie », il faut dire la Covid.

Et au fait, comment s'est-elle diffusée sur tous les continents ?

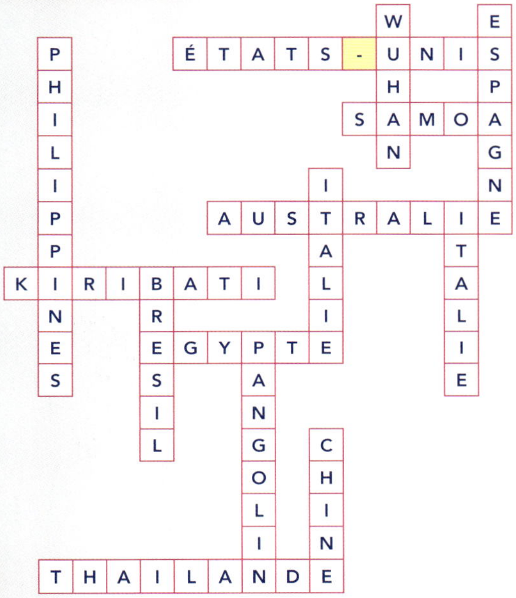

À quelle vitesse s'est-elle propagée ?

MONDE

Le 1er cas chinois identifié par l'OMS date du **8 décembre 2019** • **Le 13 janvier** en Thaïlande : le virus sort de Chine • **Le 21 janvier**, aux États-Unis, le virus arrive en Amérique • **Le 23 janvier :** Wuhan est mise en quarantaine, il s'agit d'une première mondiale • **Le 29 janvier** en Australie, le virus arrive en Océanie • **2 février**, 1er décès hors de Chine, aux Philippines • **14 février** en Égypte, le virus arrive en Afrique • **Le 8 mars**, le nord de l'Italie est mis en quarantaine : début du confinement européen • **11 mars :** l'OMS qualifie la Covid-19 de pandémie • **8 avril :** levé du confinement à Wuhan • **10 avril :** la barre des 100 000 morts est dépassée • **28 septembre :** cap du million de morts franchit dans le monde • **9 novembre :** Pfizer/BioNTech annonce un vaccin efficace à 90 % • **7 décembre :** 1re vaccination au Royaume-Uni.

FRANCE

Le 15 janvier, 1er décès en France lié au Coronavirus. Il s'agit d'un ressortissant chinois revenu de Wuhan • **Le 27 février**, le 1er Français décède sur le territoire • **Le 29 février**, le pays passe en stade 2. Il s'agit alors de limiter la contamination. Les rassemblements de plus de 500 personnes sont interdits. Le plan ORSAN (Organisation de la réponse du système de santé) est déclenché. Les blocs sont vidés des opérations non essentielles, les effectifs dans les hôpitaux sont gonflés et les virologues mobilisés. • **Le 12 mars**, les établissements scolaires sont déclarés fermés. • **Le 15 mars**, le premier tour des élections municipales est tout de même maintenu. • **Le 16 mars**, un confinement est décrété par le Président « nous sommes en guerre » déclare-t-il. Le 17 mars à midi, le pays est confiné. • **Le 11 mai,** le déconfinement débute • **Le 29 octobre**, début du second confinement • **Le 1er décembre**, levée progressive du 2e confinement • **Le 27 décembre :** 1re vaccination.

Qui a dit...

1) c • **2)** b • **3)** c • **4)** d • **5)** e • **6)** a

Conséquences de la pandémie

1) Vrai • **2) Vrai** • **3) Faux**, les opérations prévues sont reportées et le suivi des traitements plus difficile. Sur les 5,7 millions de personnes qui, dans les pays en développement, recevaient un traitement contre la tuberculose, seuls 4,7 millions l'ont poursuivi en 2020. De la même manière, le nombre de personnes se faisant dépister du SIDA a chuté de 22 %. • **4) Faux**, de 70 %, cela s'explique par les états d'urgence, les pass sanitaires, la mise en place de régimes plus autoritaires… • **5) Vrai** • **6) Faux**, 200 millions • **7) Vrai**, soit plus de 4,4 milliards de doses • **8) Vrai**

État des lieux au 31 décembre 2022

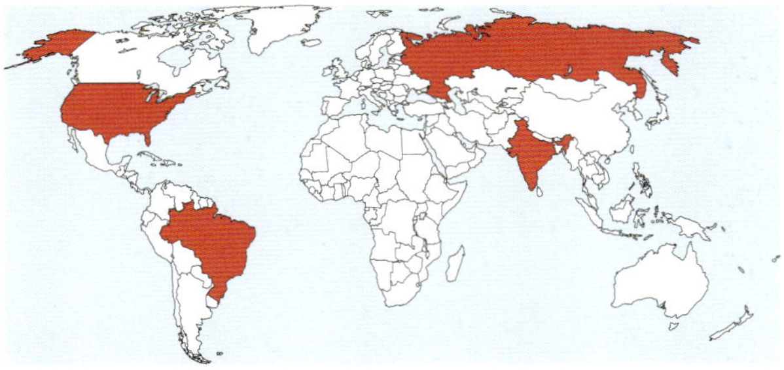

Au total, plus de 6,6 millions de personnes sont décédées depuis le début de la pandémie dont : États-Unis (plus d' un million de décès) • Brésil (environ 687 000) • Inde (environ 529 000) • Russie (environ 389 000).
À noter que, proportionnellement à leur population, la Bulgarie et la Hongrie sont les plus impactées.

Vie politique

Quelques élections de 2020 à 2022

1) h, Tsai Ing-wen a été réélue à la majorité (Taïwan) • **2) f,** Alpha Condé, Guinée • **3) a,** Micheál Martin est élu Premier ministre en Irlande à la suite d'une victoire historique du Sinn Féin • **4) b,** Rishi Sunak (conservateur) devient Premier ministre en 2022 après plusieurs démissions : Boris Johnson démissionne après 3 ans de mandats émaillés par des scandales et controverses. Il est remplacé par Liz Truss (parti conservateur) le 6 septembre 2022. Elle démissionne à son tour le 25 octobre (mandat le plus court à cette fonction). • **5) i,** Alassane Ouattara, 3e mandat en Côte d'Ivoire • **6) g,** Haïtham ben Tarek, Oman • **7) d,** Alma Zadic, ministre de la Justice en Autriche : pour la première fois dans l'histoire du pays, un(e) ministre est né(e) hors d'Autriche • **8) k,** Lula au Brésil, Président au début des années 2000, Lula revient à la présidence après avoir battu Jair Bolsonaro. • **9) e,** Ashraf Ghani en Afghanistan • **10) c,** Alexander de Croo, Belgique • **11) j,** Gabriel Boric, Chili

Nom du souverain : 6) Haïtham ben Tarek a hérité du pouvoir *via* une lettre laissée par son cousin Qabu Ibn Saïd. Elle est aujourd'hui exposée au musée du sultanat.

Élections et coups de force

1) La Barbade. Sandra Mason, ancienne gouverneure générale prendra la fonction de présidente. Jusqu'à cette date, l'île, qui appartenait au Commonwealth, avait pour chef d'État la reine d'Angleterre.
2) a) 2005 • **b)** 32 % • **c)** inférieure à 20% • **d)** 4 % et 8 % • **e)** Afghanistan • **f)** Olaf Scholz
3) CUBA
4) a) Jovenel Moïse • **b)** Mali • **c)** Tchad • **d)** Birmanie désormais appelée Myanmar

Quelques référendums de 2020-2021

1) Russie • **2) Porto Rico :** les habitants demandent l'obtention du statut d'État, Porto Rico serait le 51e État des États-Unis. Mais le référendum n'est que consultatif et rien n'est officiel. • **3) Nouvelle-Calédonie :** elle reste donc territoire français.

Les tensions liées aux élections

1) b) Un nouveau coup d'état, le 28 septembre 2022, conduit à la prise de pouvoir par le capitaine Ibrahim Traoré. • **2) a)** Il est victime d'un attentat : plusieurs personnes de son convoi sont tuées, d'autres, dont Cissé, enlevées. • **3) c)** 493 jours sans gouvernement, depuis les législatives du 26 mai 2019. • **4) c)** Isoloirs dans les rues • **5) c)** 77,92 % • **6) b)** 2036 • **7) c)** Aucun des deux, il est davantage soutenu par les chavistes. • **8) b)** Maduro est inculpé pour narcoterrorisme, les États-Unis avaient déjà utilisé ce chef d'accusation pour Manuel Noriega. • **9) c)** 69 % suite au boycott des élections par l'opposition. • **10) b)** 26 ans, ce sera son 6e mandat. • **11) a)** Le prix Sakharov • **12) b)** Crime contre l'humanité • **13) a)** et **c)**. NB : le terme de « démocratie illibérale » est utilisé par Viktor Orban et s'applique à la Hongrie.

Les élections aux États-Unis : les candidats

Kanye West (oui oui le chanteur) s'est présenté avec son parti le *Birthday Party*.

La dernière année de Trump

Janvier : c • **Février :** j • **Mars :** b • **Avril :** h • **Mai :** f • **Juin :** k • **Juillet :** d • **Août :** g • **Septembre :** a • **Octobre :** l • **Novembre :** e • **Décembre :** i

Le bilan de Donald Trump

1) Faux, il a même prononcé davantage de sanctions à l'encontre du pays en février contre l'avis de l'UE ou des Nations unies • **2) Vrai** mais le retrait est progressif • **3) Vrai** • **4) Faux**, dès son élection il a annoncé le retrait des États-Unis • **5) Vrai**, par exemple celui lié à l'un de ses proches, Steve Bannon arrêté le 20 août suite au détournement de fonds de l'association We Build the Wall • **6) Vrai**, ce réseau social est son moyen d'expression privilégié • **7) Faux** (voir partie suivante sur le mouvement Black Lives Matter par exemple) • **8) Vrai**, sur l'Obamacare par exemple • **9) Vrai**, le Groenland a refusé • **10) Faux**, il l'a déplacée à Jérusalem reconnaissant cette ville comme capitale de l'Israël. Cette décision a entraîné de vives tensions entre l'Autorité palestinienne et Israël mais aussi avec le monde arabe • **11) Vrai**, il a, par exemple, menacé de couper les aides aux pays qui ne voteraient pas pour les États-Unis dans la reconnaissance de Jérusalem.

Et au final...

Dans l'ordre : d • f • b • e • g • h • a • i • c

L'assaut du Capitole

1) Le 6 janvier 2021, Trump appelle ses partisans *via* **une vidéo** • **2)** Il demande de « *stopper le vol* », « *faire preuve de force* », « *reprendre [le] pays* » et invite à « *marcher [...] vers le Capitole* ». • **3)** Plusieurs **centaines** de personnes répondent à l'appel et prennent d'assaut le Capitole. Une personne est tuée. • **4)** Donald Trump réagit en **félicitant les « magnifiques patriotes »**. • **5)** Le lendemain **il accepte sa défaite**. • **6)** L'attitude du président est décriée par les démocrates comme les républicains. Plusieurs élus demandent à ce que le locataire de la Maison Blanche soit déclaré **inapte à gouverner**. • **7)** Le 11 janvier, une procédure d'*Impeachment* est lancée contre Donald Trump pour « incitation à l'insurrection ». **Il est acquitté**. • **8)** Le 15 janvier, **il reconnaît officiellement** la victoire de Joe Biden. • **9)** La veille, l'une des dernières actions du président sortant est de **gracier 73 personnes de son entourage**.

La France : vie politique 2020-2022

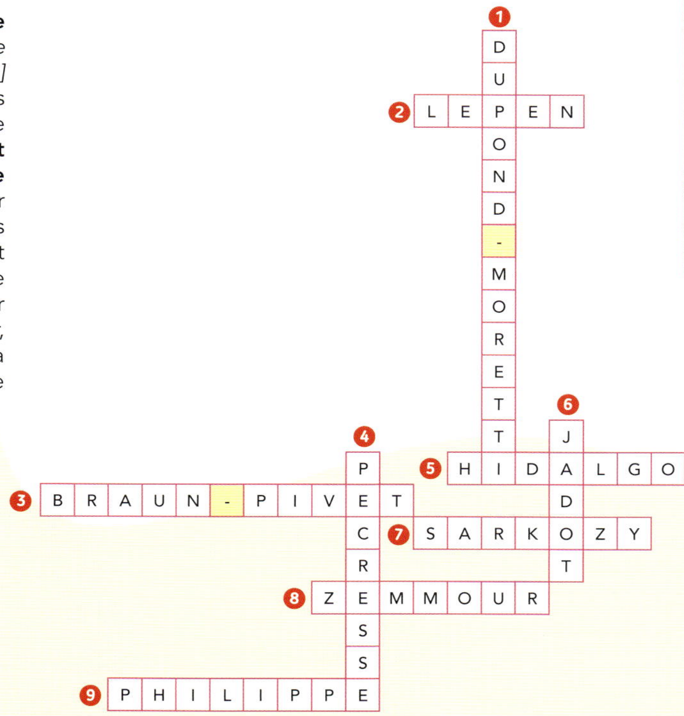

Les ministres

- **Élisabeth Borne :** Première ministre
- **Olivier Véran :** porte-parole
- **Bruno Le Maire :** ministre de l'Économie, des Finances et de la Souveraineté industrielle et numérique
- **Gérald Darmanin :** ministre de l'Intérieur et des Outre-mer
- **Éric Dupont-Moretti :** ministre de la Justice
- **Catherine Colonna :** ministre de l'Europe et des Affaires Étrangères
- **Sébastien Lecornu :** ministre des Armées
- **Pap Ndiaye :** ministre de l'Éduction nationale et de la Jeunesse
- **Rima Abdul Malak :** ministre de la Culture
- **François Braun :** ministre de la Santé et de la Prévention

Société

Black Lives Matter

1) c • **2)** b • **3)** b • **4)** a • **5)** BLACK LIVES MATTER « les vies noires comptent » • **6)** c • **7)** b • **8)** a • **9)** Le mouvement PATRIOT PRAYER • **10)** b • **11)** c

Autres exemples de mouvements de rue assortis de violences policières en 2020 et 2022

a) 5 octobre 2019 • **b)** Été 2021 • **c)** 15 mars • **d)** 1997 • **e)** septembre 2022 • **f)** 30 juin 2020 • **g)** 31 octobre 2021 • **h)** 1er juillet 2022 • **i)** 1er janvier 2020 • **j)** Janvier 2021 • **k)** 22 septembre 2014

La loi sécurité globale

Textes à barrer : a • c • d • f • i

Avancées des droits des femmes et des homosexuels

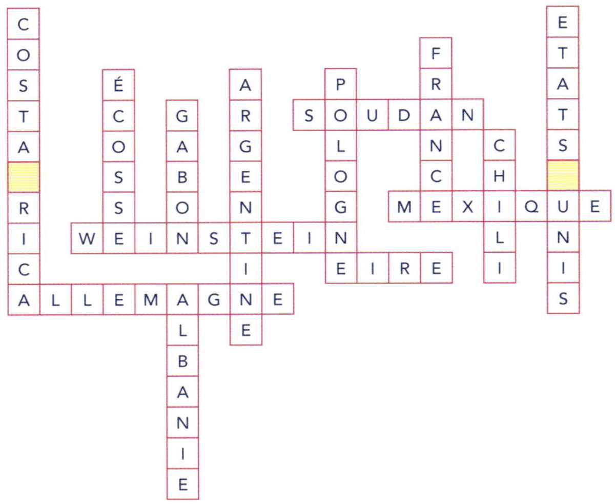

Économie

Accords de libre-échange

L'Accord Canada-États-Unis-Mexique

R	Y	F	D	T	I	C	O	R	E	E	D	U	S	U	D
Y	Q	E	N	L	I	N	M	A	N	T	E	I	V	C	M
Z	I	U	O	K	B	I	D	Z	G	Q	Ç	I	V	Z	O
B	Z	C	U	V	U	H	E	O	Z	Q	Ç	C	K	N	P
E	A	N	V	A	Y	Ç	C	I	N	W	Y	J	R	K	N
I	A	A	E	T	O	F	W	A	N	S	D	U	R	B	R
N	O	G	L	P	H	I	L	I	P	P	I	N	E	S	U
A	P	Q	L	H	J	A	M	O	L	Q	U	E	X	M	O
M	L	K	E	H	A	S	I	A	E	E	L	A	O	S	P
R	T	T	Z	H	P	D	F	L	L	C	N	R	W	H	A
I	W	R	E	R	O	A	Ç	G	A	A	P	I	Y	X	G
B	Z	H	L	I	N	T	P	F	Q	N	I	K	H	I	N
F	N	C	A	M	B	O	D	G	E	K	D	S	M	C	I
B	R	U	N	E	I	A	J	O	P	Q	M	E	I	F	S
A	X	I	D	B	B	A	T	H	M	H	C	X	R	E	W
Q	R	M	E	E	R	G	A	U	S	T	R	A	L	I	E

Brexit

1) Il fallait barrer : a • c • d • h • i • k • m
2) Mot à trouver : Jersey

Conséquence de la Covid sur les PIB en 2020

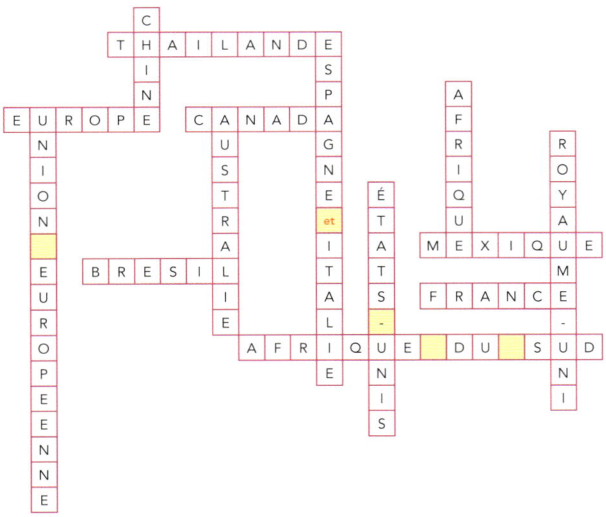

Conséquence de la Covid à échelle mondiale en 2021

1) a) 3,4 % (source : Eurostat 1er octobre 2021) • b) 29,5 % • c) 4,6 % • d) 45 % • e) 8,2 % • f) 8,9 % • g) 14,4 % • h) 66,7 % • i) 5,4 % (Fed : 1er semestre 2021) • j) 30 %

2)

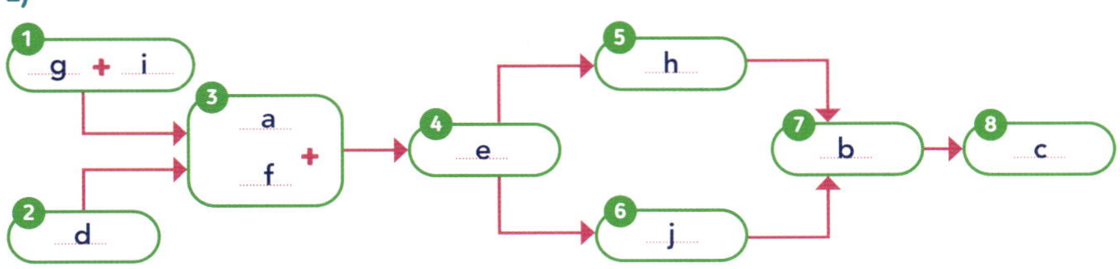

L'économie mondiale en 2022

Rouge : Hongrie (39 %) • Lettonie • Lituanie.
Bleu : Espagne (5,5 %) • Luxembourg (6,2 %) • France (6,7 %)

Divers

1) Le Liban • **2)** Le canal de Suez, cela a entraîné une perte journalière de 12 à 15 millions de dollars. Le navire est resté bloqué 3 semaines • **3)** La bourse de Tokyo • **4)** Bitcoin (bee-T-coin) • **5)** Elon Musk • **6)** 2 039,68 dollars pour une once (environ 31 grammes) au 10 août, la barre des 1 700 n'avait pas été franchie mais approchée en 2012. Le 14 octobre, valeur redescendue à 1 600.

Géopolitique

Ukraine et Russie

1) En 2014, après un référendum non officiel, la Crimée se déclare indépendante et se rattache à la Russie. En novembre, le Donetsk s'autodéclare République et élit un dirigeant.
L'Ukraine, la Géorgie et la Moldavie signent un accord d'association avec l'UE. Il doit, à terme, aboutir à la suppression des barrières douanières.
L'Ukraine abandonne son statut de non-aligné. Pris à la fin de la Guerre froide, ce dernier lui interdisait de rejoindre les organisations de l'ouest.
Le 18 janvier 2018, le Parlement ukrainien adopte une loi sur la réintégration du Donbass considéré comme « occupé par la Russie ». La loi prévoit la mise en place d'une armée régulière dans la zone et des pouvoirs élargis au Président. Les pro-russes et Moscou s'y opposent alors que Washington et Bruxelles soutiennent la mesure.

2) Selon les Nations unies **7 031** personnes ont été tuées dans les régions de Donetsk et Louhansk, parmi elles **433** enfants. Le 2 avril 2022, après le retrait de l'armée russe, les corps de plus de **300** civils sont retrouvés à Boutcha.
La Russie aurait perdu **entre 40 000 et 60 000** soldats dont **9 000** du groupe Wagner. (Sources, ministère de la défense britannique et États-Unis).
Selon l'ONU, **5 352 000** Ukrainiens ont dû fuir leur domicile mais sont restés dans le pays, **8 073 182** sont parties vers l'Europe. La Pologne et l'Allemagne ont accueilli le plus de réfugiés avec respectivement **1 563 386** et **1 055 323** personnes. **118 994** ont été accueillies en France.

3) Avril 2019 : i • **21 février 2022 :** c • **24 février 2022 :** g • **24 mars 2022 :** e • **18 mai 2022 :** a • **23 juin 2022 :** f • **Septembre 2022 :** j • **21 septembre :** k • **30 septembre 2022 :** d • **15 novembre 2022 :** h • **25 janvier 2023 :** b • **21 février 2023 :** l

Relations sino-américaines

1) Fermeture du consulat de Houston suite aux accusations d'espionnage : **21 juillet** • Fermeture du consulat américain de Chengdu : **24 juillet**
2) La Covid vient de Chine et Pékin est accusé par Trump d'avoir gardé le secret : **mai** • Les soldats américains, en visite à Wuhan en octobre 2019, auraient pu apporter le virus : **mars.**
3) Les États-Unis suspendent le financement de l'OMS : **15 avril** • La Chine annonce un don de 2 milliards de dollars à l'OMS : **mi-mai**
4) La Chine annonce des sanctions envers 3 Américains qui la critiquent ouvertement dont les sénateurs Marc Rubio et Ted Cruz : **14 juillet** • Les États-Unis annoncent soutenir Hong Kong et sanctionnent les dirigeants chinois accusés de prendre part aux exactions envers les Ouïghours : **17 juin**
5) La Chine lance une sonde en direction de Mars : **23 juillet** • Les États-Unis lancent une sonde en direction de Mars : **30 juillet**

Afghanistan

Dans l'ordre : 1) b • **2)** e • **3)** a • **4)** b • **5)** b • **6)** c • **7)** b • **8)** d • **9)** b • **10)** b • **11)** a • **12)** b • **13)** a • **14)** b • **15)** a

Chine et Inde

1962 • ligne de contrôle effective (LAC en anglais) • 1975 • Ladakh • au corps à corps, à coups de pierres ou de bambous cloutés • 20 • Moscou

Haut-Karabagh

1) Vrai • **2) Faux**, plus de 90 % des habitants sont Arméniens • **3) Vrai** et **Faux** : En 1921, le Haut-Karabagh est confié à l'Azerbaïdjan, alors intégré dans les républiques soviétiques • **4) Faux**. Ils prennent les armes • **5) Vrai** • **6) Faux** (groupe de Minsk). • **7) Vrai** • **8) Vrai** • **9) Faux**. Le 10 novembre, après une lourde défaite, l'Arménie accepte un accord. Il prévoit que l'Azerbaïdjan conserve les territoires nouvellement conquis. Les forces arméniennes doivent se retirer des provinces qui entourent le Haut-Karabagh et qu'elles occupent depuis la 1re guerre (1994). **10) Vrai**

Israël et Palestine

Reconnaissance de la souveraineté sur les colonies en Cisjordanie. **Autorité Palestinienne.** Elle reconnaîtrait alors celle de l'Israël sur ces parcelles • Annexion de la région du Jourdain accordée. **Israël** • Gel de la colonisation durant 4 ans minimum. **Israël** • Reconnaissance de l'autre État. **Autorité Palestinienne** • Obtention des territoires situés à la frontière égyptienne. **Autorité Palestinienne** • Jérusalem passe en intégralité sous son contrôle. **Israël** • Limitation militaire à des forces intérieures, démilitarisation partielle. **Autorité Palestinienne** • L'État renonce au contrôle de ses frontières et à son espace aérien. **Autorité Palestinienne**

Israël et ses voisins arabes

S	R	R	O	L	G	Z	B	I	D	Q	N	H	L	I	T	D	T	V	J
K	H	D	I	A	R	G	E	N	T	I	N	E	T	T	T	V	R	X	X
Y	G	S	M	I	E	Z	H	B	V	H	S	B	Ç	N	N	N	J	C	J
Q	E	E	T	C	A	N	A	D	A	K	N	B	H	B	C	O	R	A	M
L	S	Ç	K	I	M	E	Ç	N	Z	R	A	W	R	Ç	W	I	V	I	O
J	S	W	R	L	L	S	H	O	S	H	N	E	E	G	A	E	F	J	V
A	I	T	G	I	F	P	E	A	R	J	S	J	C	A	T	U	E	D	D
A	U	M	U	H	I	A	Ç	E	D	I	L	L	N	G	Q	Q	I	O	D
U	S	V	P	C	I	G	I	V	L	L	J	G	A	Ç	M	I	U	M	I
T	G	Q	H	O	O	N	I	Ç	X	I	L	V	R	E	E	G	A	F	S
R	N	Y	C	L	U	E	F	K	Q	E	T	J	F	E	H	L	A	C	L
I	K	E	Y	U	Z	I	G	T	T	T	Ç	A	T	E	V	E	M	B	Q
C	Z	Q	C	X	I	R	B	E	M	E	Ç	Q	L	W	T	B	M	Z	L
H	C	C	X	E	C	S	R	Y	Z	J	E	U	Q	I	X	E	M	S	X
E	V	A	F	M	R	R	A	K	Q	S	S	S	Z	F	E	R	H	T	Y
L	I	D	F	B	E	G	I	V	T	E	I	Ç	Y	X	K	E	B	D	A
J	P	F	X	O	N	V	T	J	J	H	S	K	W	O	I	F	Ç	N	R
I	L	F	O	U	I	J	R	X	I	I	K	Q	N	X	X	E	Y	R	A
B	E	M	I	R	A	T	S	A	R	A	B	E	S	U	N	I	S	X	O
Ç	I	N	U	G	Y	O	A	E	I	V	I	L	O	B	O	Y	J	Ç	X

Émirats arabes unis, Bahreïn : reconnaissance de l'État hébreu suite à la signature d'accords de paix – accords d'Abraham – août 2020.
Le Maroc normalise ses relations avec Israël, en échange, les **États-Unis** reconnaissent la souveraineté marocaine sur le Sahara occidental (Décembre 2020).

L'Éthiopie

les plus peuplés • fédéral • 6 millions • Érythrée • plus riches (du fait du tourisme) • Coalition • de la Covid • 98 % • seront données aux autorités locales du Tigré • le gouvernement éthiopien • du FLPT • 50 000 • l'Union européenne, la France • forces du Tigré • La Chine et la Russie

Autres tensions

Maroc – Front Polisario : a • **Iran – États-Unis :** b • **Pakistan – Baloutches :** c • **Corée du Nord – Corée du Sud :** d • **Chine – Taïwan :** e • **France – Australie :** f

Classement des puissances 2021

1) États-Unis • **2)** Russie • **3)** Chine • **4)** Inde • **5)** Royaume-Uni • **6)** Corée du Sud • **7)** Pakistan • **8)** Japon • **9)** France • **10)** Italie • **11)** Turquie • **12)** Brésil • **13)** Indonésie • **14)** Égypte • **15)** Ukraine

Tristes années

Environnement

Dans l'ordre : f • b • d • e • i • g • c • h • a • k • j

Biodiversité

Vison

Dromadaire

Catastrophes naturelles

S	V	K	E	T	A	T	S	U	N	I	S	H	R	T	Z	J	O	H	T
I	A	T	B	J	G	W	I	E	I	N	O	Z	A	M	A	R	P	C	D
L	K	N	U	O	E	V	L	N	D	Y	M	T	T	R	T	X	E	C	A
Q	U	O	K	F	R	O	Y	R	Z	S	V	U	O	W	M	T	M	O	Y
D	Ç	I	R	N	E	G	B	X	Z	C	R	W	C	E	Q	L	H	A	D
E	V	N	A	U	L	N	O	N	P	Q	M	A	S	L	E	Y	H	M	M
P	H	U	I	K	R	J	N	W	U	C	A	L	I	F	O	R	N	I	E
V	C	E	N	D	B	I	R	I	H	B	F	Z	C	E	N	Z	N	U	H
T	N	R	E	Z	Ç	H	E	C	W	F	S	H	N	B	E	A	K	F	P
S	M	A	R	E	N	J	H	X	O	L	A	Y	A	M	M	G	O	U	C
M	D	L	N	Z	Y	C	C	E	C	T	M	X	R	X	M	R	E	L	L
H	L	X	Ç	E	N	H	T	Ç	R	Q	O	J	F	Y	R	E	B	I	L
P	P	P	A	Q	P	P	A	N	O	Ç	S	P	N	G	P	B	H	S	K
P	Y	V	Z	S	M	A	M	R	A	P	W	L	A	P	V	V	O	E	B
L	Z	F	B	H	C	U	L	W	T	I	U	F	S	D	R	K	M	R	Q
S	G	B	C	J	Y	E	J	P	I	Z	C	T	X	E	Q	J	R	B	R
V	E	N	I	H	C	P	X	S	E	N	I	P	P	I	L	I	H	P	L
D	A	X	V	E	Y	W	P	W	Q	B	Y	D	R	T	X	T	Q	L	C
X	T	Ç	R	V	Z	O	E	I	L	A	R	T	S	U	A	H	N	A	F
S	L	G	S	H	G	T	A	W	M	X	E	H	B	B	Ç	A	D	U	G

1) **Philippines**, éruption du Taal en janvier 2020 puis en 2021 supertyphon Odette (ou Rai) : 375 morts et 56 disparus • **Népal**, inondations causées par de fortes pluies, une centaine de décès en juillet • **Turquie**, séisme à l'est le 24 janvier 2020 • Séisme à Zagreb en **Croatie**, magnitude de 5,3 mais le plus puissant dans la région • 30 octobre 2020, un séisme de magnitude 7 touche la mer **Égée** et principalement l'île grecque de **Samos** et les côtes turques • Éruption du Piton de la Fournaise le 7 décembre 2020 • **États-Unis :** à la fin

de l'année 2021, une vingtaine de tornades balayent près de 350 km dans le Kentucky, l'Illinois, le Tennessee, l'Arkansas et le Missouri : près de 100 morts.
2) Le sud de la **Turquie** et le nord de la **Syrie**. Le gouvernement turc est fortement critiqué pour son manque de réactivité.

Les incendies

1) Feux zombies
2) Californie : a) 120 000, b) 930 000, c) 340 000, g) 14 000 • **Tchernobyl :** d) 16 • **Brésil :** e) 10 136, f) 9 205 • **Europe :** h) 750 000

Catastrophes technologiques

Birmanie
1) b • **2)** c • **3)** a • **4)** c • **5)** a (mais le bilan est difficile à établir car beaucoup de travailleurs ne sont pas déclarés)
Explosion Liban
Dans l'ordre : 1) c • **2)** h • **3)** k • **4)** i • **5)** l • **6)** n • **7)** g • **8)** b • **9)** o • **10)** d • **11)** m • **12)** e • **13)** j • **14)** a • **15)** p • **16)** f

Attentats : Samuel Paty

Dans l'ordre : **g :** 07/10 • **d :** 08/10 • **a :** 08/10 • **p :** 09/10 • **k :** 12/10 • **q :** 16/10 • **m :** 16/10 • **h :** 16/10 • **c :** 16/10 • **l :** 17/10 • **b :** 18/10 • **f :** 17 et 18/10 • **n :** 20/10 • **e :** 21/10 • **j :** 22/10 • **i :** 02/11 • **o :** 15/12

Les décès

La Reine Elisabeth II : 1) Faux, elle était « Reine du Royaume-Uni de Grande-Bretagne et d'Irlande du Nord » ainsi que des États du Commonwealth. • **2) Vrai** • **3) Faux**, elle est mise à l'écart un temps puis rejoint le corps féminin de l'armée et devient ambulancière. • **4) Vrai** • **5) Vrai** • **6) Vrai**, suite à un scandale quant aux rénovations liées à l'incendie du palais de Windsor, il a été décidé qu'elle paierait des impôts. • **7) Faux**, elle échappe à deux attentats, les 13 juin et 14 octobre 1981. • **8) Faux**, Louis XIV a eu un règne plus long. La Reine est seconde sur le podium.
Valéry Giscard d'Estaing : a) 1926 • b) Seconde Guerre mondiale • c) l'ENA • d) Puy-de-Dôme • e) Georges Pompidou • f) 1974 • g) Veil • h) majorité • i) Helmut Schmidt • j) *Canard enchaîné* • k) diamants • l) Bokassa • m) François Mitterrand • n) 2000 • o) l'Académie française
Autres décès en politique : 1) b • **2)** b • **3)** c • **4)** a • **5)** a (NB : Olivier Dassault décède en mars 2021 dans un accident d'hélicoptère. Il est l'un des héritiers de l'entreprise Dassault mais a aussi eu une carrière politique en tant que député de l'Oise par exemple) • **6)** a • **7)** c • **8)** b
Sport : KOBE BRYANT
Maradona : a) Argentine • b) 10 • c) 1986 • d) Naples • e) 91 • f) Ballon d'or • g) But en quart de finale contre l'Angleterre lors de la Coupe du monde 1986
Foot : PELÉ
Culture : a) Claude Brasseur : 5 • b) Anne Sylvestre : 9 • c) Kenzo Takada : 4 • d) Robert Hossein : 7 • e) Jean-Paul Belmondo : 2 • f) Chuck Yeager : 8 • g) Sean Connery : 1 • h) Michael Collins : 11 • i) Pierre Cardin : 10 • j) Michel Piccoli : 3 • k) Sidney Poitier : 6
Dessinateurs :
- Uderzo, père d'Astérix, est décédé le 24 mars 2020.
- Quino est le créateur de Mafalda, il est décédé le 30 septembre.
- Jean-Jacques Sempé est le « père » de la série de BD : « le petit Nicolas ».

Sciences, sport et culture

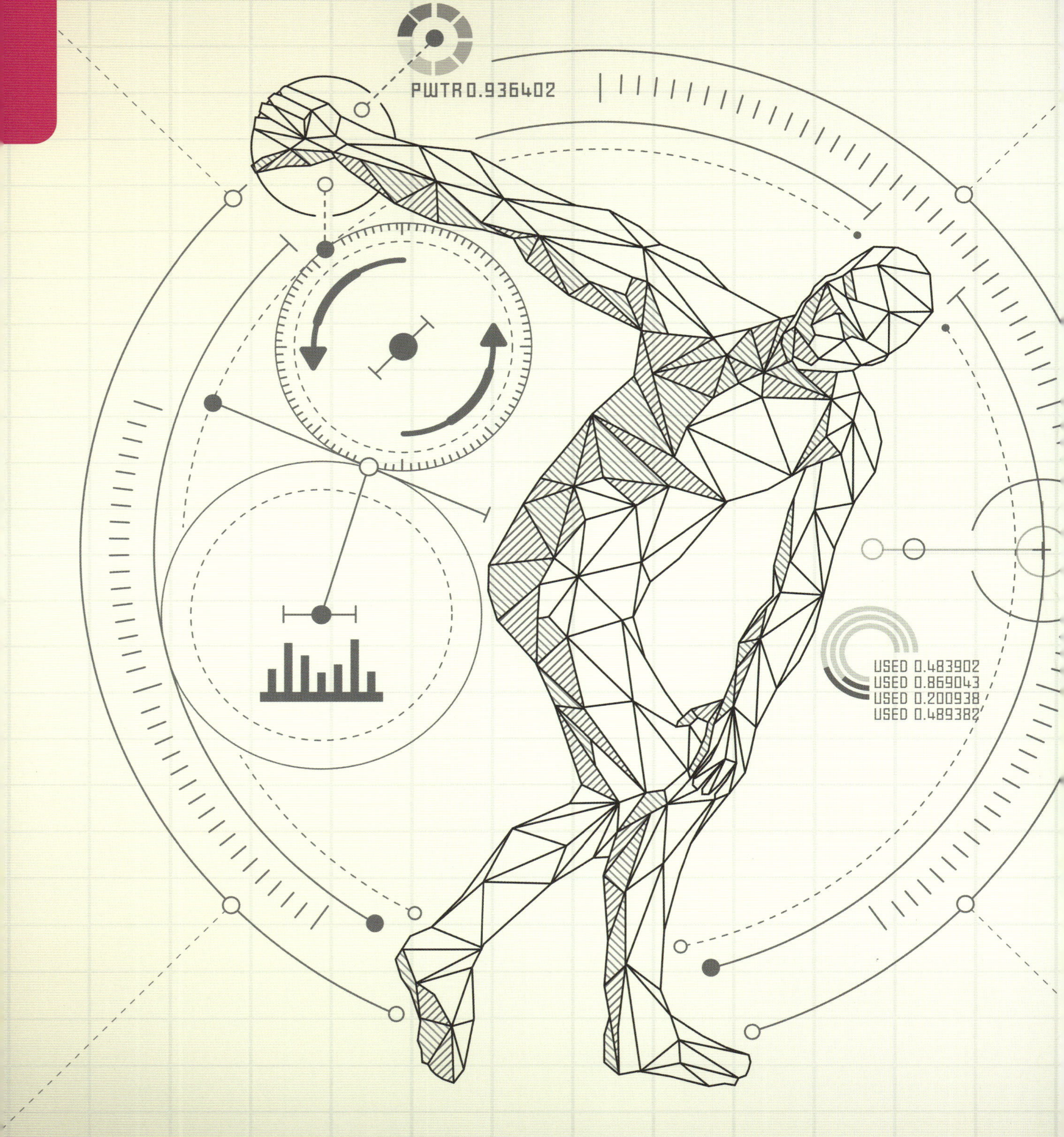

Les cérémonies

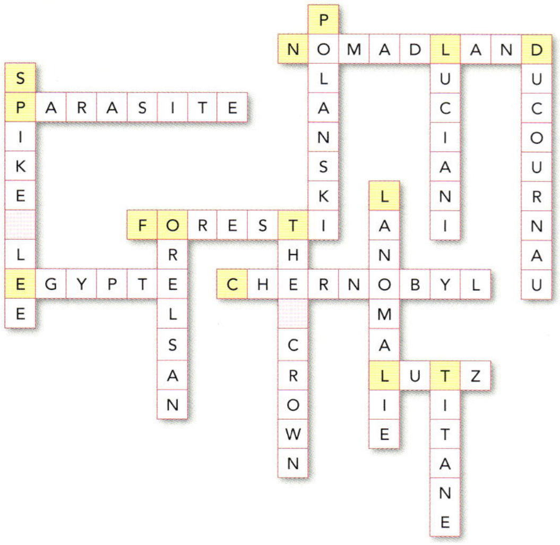

Arts et artistes

Œuvres : a) *La Jeune Fille triste*, attribuée à **Banksy** • b) *Le Jardin du presbytère de Nuenen au printemps*, **Vincent Van Gogh** • c) *Montre molle* et autres œuvres : **Dali**

Joséphine Baker au Panthéon

1) b • 2) a • 3) b • 4) b • 5) c • 6) a • 7) c

Espace, avancées scientifiques et découvertes

Espace : Richard Branson ▸ Virgin Galactic ▸ 90 secondes • Jeff Bezos ▸ Blue Origin ▸ presque 2 minutes dans l'espace • 4 voyageurs dont 3 inconnus ▸ SpaceX ▸ 4 jours

Exploration : 1) b • 2) c • 3) a • 4) a • 5) b • 6) c • 7) c • 8) a • 9) b

Préhistoire : 1) 7 mm. La découverte a été faite en Birmanie à partir d'un crâne de 99 millions d'années. Il avait été conservé dans l'ambre durant tout ce temps. Ce dinosaure s'appelle l'Oculudentavis khaungraae. • 2) De 5 000 ans, les premiers Homo sapiens seraient arrivés en Europe il y a 45 000 ans selon la revue *Nature*. • 3) 132 fossiles sont découverts lors de travaux pour l'aéroport international Felipe Angeles de Mexico. • 4) Il daterait de 32 000 ans. • 5) 66 millions d'années. • 6) Mammouth.

Histoire :

1) Sarcophages

2) Saqqarah

3) É • Chaud • PE • 2 • Raie • Store • A • Scie • On ▸ **Une échoppe de restauration** (précision : elle est de type *fast food*)
4) Les Vikings

Prix Nobel

1) e • 2) f • 3) c • 4) b • 5) a • 6) d

Il s'agit de **Alexeï Navalny**

Les premiers

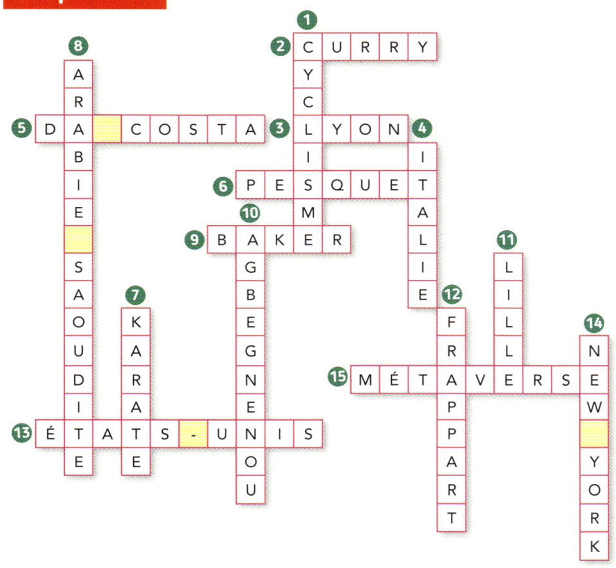

Les bonnes nouvelles

Le Cahier de Vacances
SPÉCIAL ACTUALITÉS

Auteur

Marion Delattre

Professeur agrégée. Auteur de plusieurs livres sur les XXe et XXIe siècles.

Maladie

- **1)** POLIO
- **2)** b
- **3)** VIH

Protection des espèces et de l'environnement

Animaux :
- **1)** Chien et chat
- **2)** Diable de Tasmanie
- **3)** Le léopard d'Anatolie

Nature :
- **1)** Zimbabwe
- **2)** Thaïlande

Diverses bonnes nouvelles

- **1)** Sophie Pétronin
- **2)** a
- **3)** Les paillettes
- **4)** b

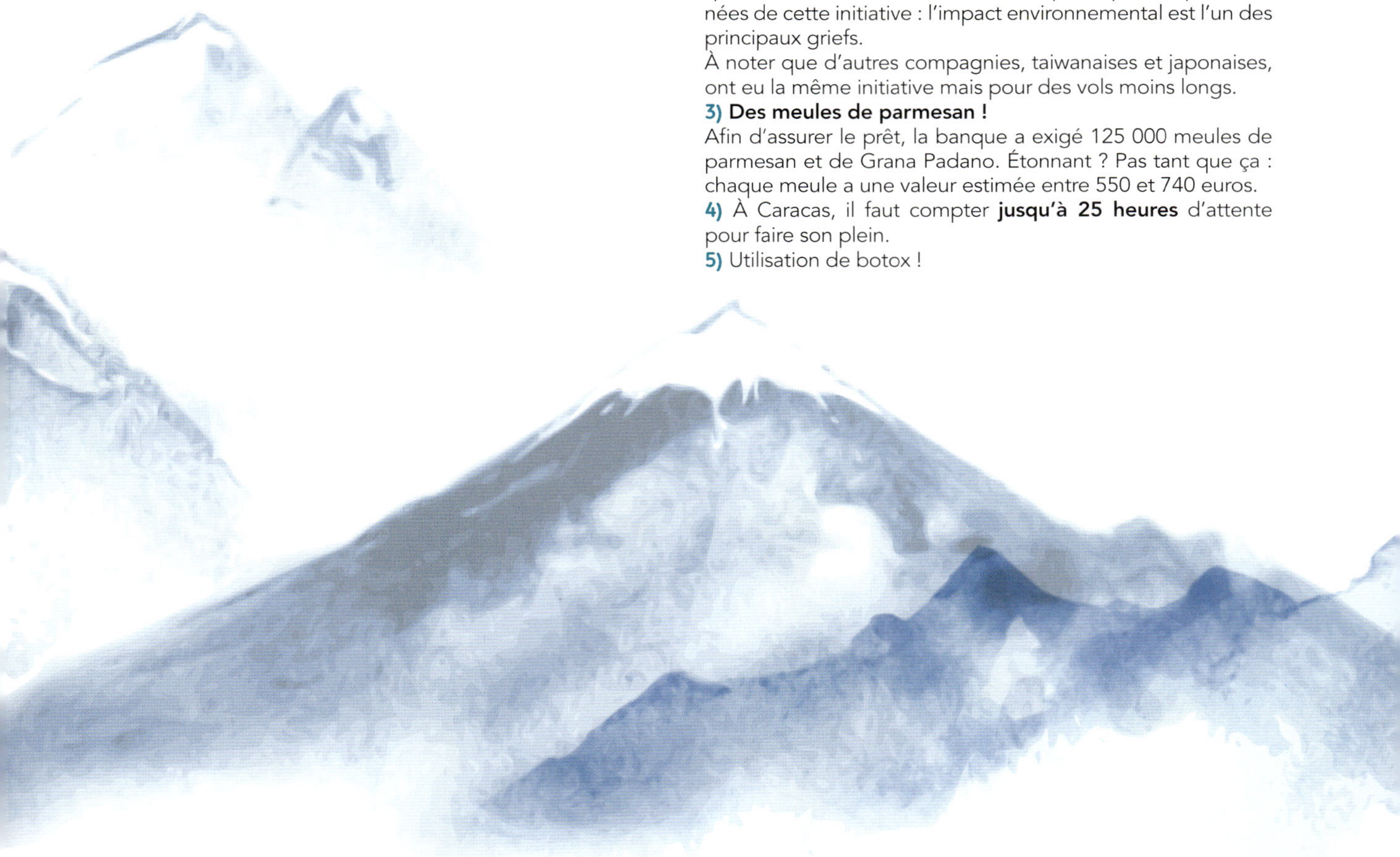

Et pour continuer la série, les nouvelles insolites !

1) Les fourmis

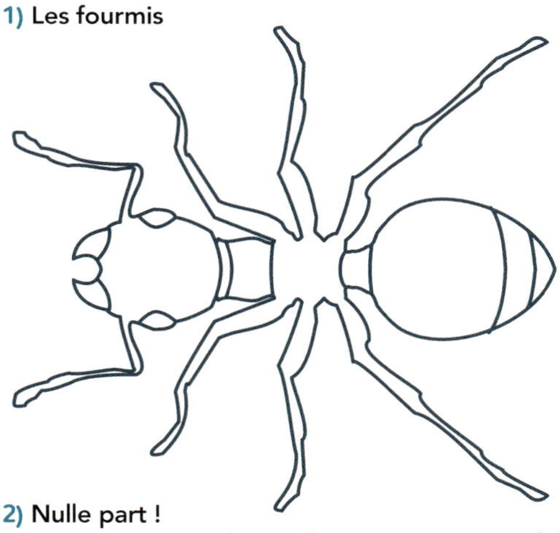

2) Nulle part !
La compagnie australienne Qantas propose ce vol de 7 heures ayant le même point de départ et d'arrivée : Sydney. Complet dès l'ouverture des billets vendus entre 500 et 2 500 euros, il doit, selon la compagnie, permettre de s'évader sans quarantaine ni test Covid. Beaucoup de polémiques sont nées de cette initiative : l'impact environnemental est l'un des principaux griefs.
À noter que d'autres compagnies, taiwanaises et japonaises, ont eu la même initiative mais pour des vols moins longs.

3) Des meules de parmesan !
Afin d'assurer le prêt, la banque a exigé 125 000 meules de parmesan et de Grana Padano. Étonnant ? Pas tant que ça : chaque meule a une valeur estimée entre 550 et 740 euros.

4) À Caracas, il faut compter **jusqu'à 25 heures** d'attente pour faire son plein.

5) Utilisation de botox !

Retrouvez nos ouvrages

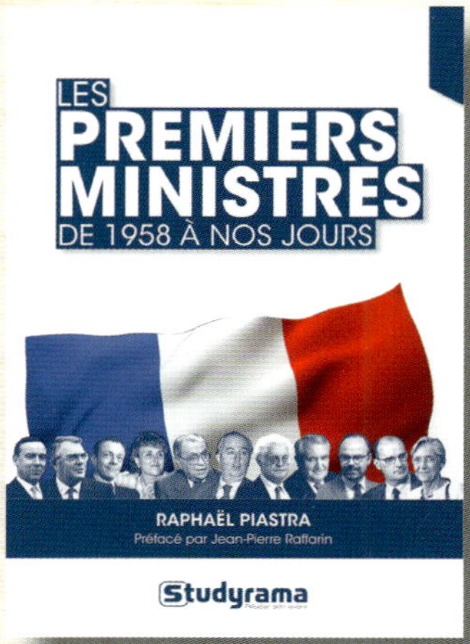

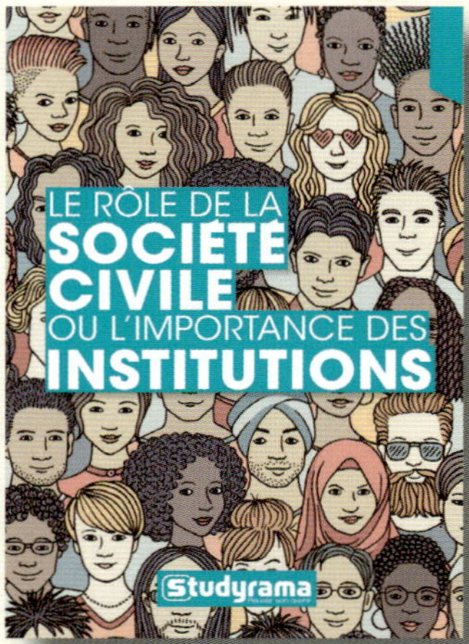

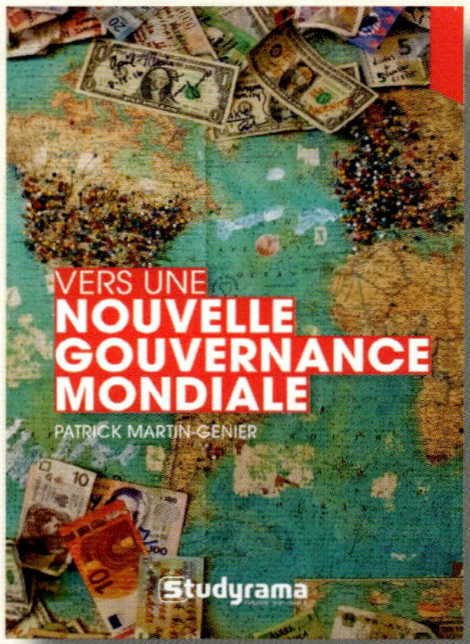

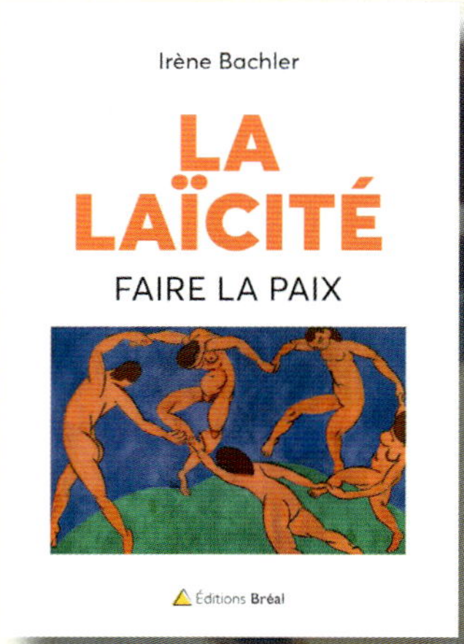

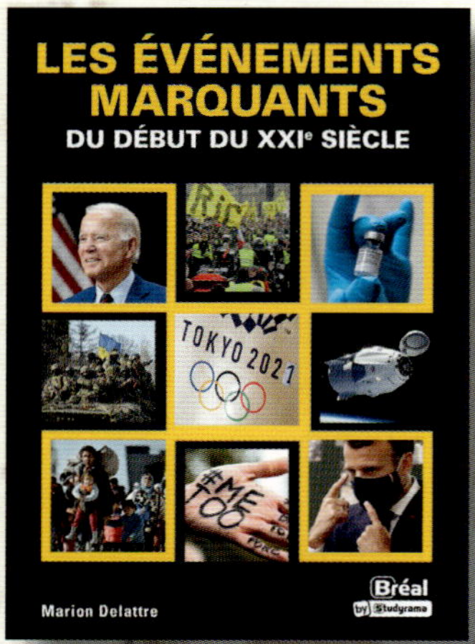

Commandez-les sur le site
librairie.studyrama.com

Studyrama Editions

Composition : **Stéphane McDonald**
Édition : **Deborah Lopez**
Imprimé en France en mai 2023
par SEPEC - 1080720407
ISBN : 978-2-7495-5480-8

PEFC
10-31-1470
Certifié PEFC
Ce produit est issu de forêts gérées durablement et de sources contrôlées.
pefc-france.org